——新传媒实践

播音主持

艺考直通辅导教程

亚 东 ◎ 主编

ROADCAST
PRESIDING

中国广播影视出版社

图书在版编目（CIP）数据

播音主持艺考直通辅导教程／亚东主编. —北京：
中国广播影视出版社，2018.9
（新传媒实践教材系列丛书）
ISBN 978-7-5043-8185-9

Ⅰ.①播…　Ⅱ.①亚…　Ⅲ.①播音—语言艺术—高等
学校—入学考试—教学参考资料②主持人—语言艺术—高
等学校—入学考试—教学参考资料　Ⅳ.①G222.2

中国版本图书馆 CIP 数据核字（2018）第 215207 号

播音主持艺考直通辅导教程

亚　东　主编

责任编辑	王　佳	
封面设计	文人雅士	
责任校对	张　哲	

出版发行	中国广播影视出版社	
电　话	010-86093580　010-86093583	
社　址	北京市西城区真武庙二条 9 号	
邮　编	100045	
网　址	www.crtp.com.cn	
微　博	http：//weibo.com/crtp	
电子信箱	crtp8@sina.com	

经　销	全国各地新华书店
印　刷	三河市人民印务有限公司

开　本	787 毫米×1092 毫米　1/16
字　数	215(千)字
印　张	15.5
版　次	2018 年 9 月第 1 版　2018 年 9 月第 1 次印刷

书　号	ISBN 978-7-5043-8185-9
定　价	39.00 元

前　　言

　　每年各省市、各大艺术院校都会组织统一的艺术类专业考试，我们称之为"艺考"。

　　国家旨在通过自主招生、调整文化课分数占比等方式，来定向培养社会稀缺的高精尖人才。

　　播音与主持艺术类学科及院校，便是专门培养未来从事播音员和主持人及其他相关工作的专门人才的摇篮。所以各大院校每年要通过艺考从数百万名高考考生中筛选出，有天赋、有品德、有能力、有智慧的优秀人才来进行更专业系统的深造和培养。而播音与主持艺术的专业考试就变得尤为严苛和重要。

　　《播音与主持艺考直通辅导教程》一书是经过亚东传媒学校多年的教学攻关、人才输送和培养、针对近百家艺术类高等院校历年考试的研究、亚东历届优秀毕业生亲身反馈；经过亚东传媒学校播音与主持艺术教学研发研究室以及学科权威专家共同研发编撰。专门针对播音与主持艺术类艺术考试形成的标准化、专业化、多维度、立体式的教育教学与辅导材料。

　　本教材严控理论讲述和训练材料的比重，理论部分内容较为翔实能够充分满足课堂学习的需要。训练内容的选择既关注经典又不忽略鲜活的"新"样态，且更注重训练的"层次性"、实用性和拓展性。理论讲述与训练内容相互印证、相互融合。

根据播音主持专业艺术考试的考查范围和考试方法，详细讲解了备考时需要学习掌握的内容和训练方法。其中涵盖了语音与发声训练、稿件播读训练、即兴评述训练、模拟主持训练等内容。使广大播音与主持艺考生能够全面了解播音与主持艺术专业技能养成，以及最为核心的理论与实践介绍。为考生更加精准和翔实地提供艺考正确导向。

本书适用性较为广泛，不仅针对艺考生，对于有志于播音艺术学习的爱好者或者提高语言能力的同学们都可以用本书来训练自己的语言能力，从而提高整体表达水平。针对语音面貌、发声训练、稿件处理、即兴评述、模拟主持、出镜采访、辩论应答等方面都有详尽的讲解。内容全面覆盖播音与主持艺术应考的各分支知识内容。基础理论知识化繁为简，系统讲解深入浅出，脉络清晰，阐述细致、准确。紧扣学科前沿，紧贴播音实践，融知识与方法于一体，提高学习效率。实践部分解决艺考学生练习资料缺乏的问题，练习材料丰富。既可用于日常练习，又适用于同步训练，全面提升专业综合技能。通过扫入勒口处二维码可收听、收看示范录音及视频，供参考临摹。

《播音与主持艺考直通辅导教程》由亚东传媒播音与主持艺术教学研发研究室集体编撰完成。参加编写的有：顾瑞雪、林志、高歌、刘健、亚男等一线优秀教研员。

播音与主持艺术类艺考是一门新兴学科，播音学的教学理论与实践以及艺考的政策导向都在不断发展、完善中。同时由于编写者经验有限，如有遗憾和疏漏之处，还望批评、指正，以备再版补正。

目　　录

上篇　播音主持艺术专业基础理论与技巧

第一章　播音语音与发声 ……………………………………… 2

　第一节　普通话语音 ………………………………………… 3

　　一、声母的发音 ………………………………………… 3

　　二、韵母的发音 ………………………………………… 11

　　三、声调的发音 ………………………………………… 20

　　四、语流音变 …………………………………………… 23

　第二节　播音发声基本技巧 ………………………………… 28

　　一、胸腹联合式呼吸方法 ……………………………… 28

　　二、吐字归音 …………………………………………… 35

　　三、喉部发音控制要领 ………………………………… 39

　　四、共鸣器官及调节 …………………………………… 43

　　五、情声气的关系 ……………………………………… 46

第二章 播音创作基础 ······················ 48

　第一节 情景再现 ······················ 48

　第二节 内在语 ······················ 55

　第三节 对象感 ······················ 63

　第四节 停连 ······················ 69

下篇　播音主持高考艺考题型解析

第三章 自备稿件 ······················ 88

　第一节 自备稿件选稿原则 ······················ 88

　　一、选你喜欢的作品 ······················ 88

　　二、选有感受的作品 ······················ 89

　　三、选适合你的作品 ······················ 90

　　四、选有立意的作品 ······················ 91

　　五、选好听悦耳的作品 ······················ 91

　　六、选适合播音专业的作品 ······················ 91

　第二节 选稿类型 ······················ 92

　　一、诗歌 ······················ 92

　　二、散文 ······················ 115

　　三、小故事、小说片段 ······················ 141

第四章 指定稿件 ······················ 157

　　一、新闻播音的要点 ······················ 157

　　二、新闻播音练习材料 ······················ 160

第五章　话题评述主持类 ························ 180

第一节　即兴评述 ···························· 181

一、如何应考 ····························· 181

二、即兴评述的基本技巧 ················· 183

三、注意事项 ····························· 185

第二节　模拟主持 ···························· 203

一、话题的引入 ·························· 204

二、话题的衔接 ·························· 205

三、话题的结束 ·························· 206

第三节　主题讨论 ···························· 226

上 篇

播音主持艺术专业基础理论与技巧

第一章

播音语音与发声

播音语音与发声，是播音创作的重要物质基础，是习得语言技巧，进入语言艺术的门槛。

对于播音主持发声的要求及基本特点，在播音创作实践与理论领域都有共识，我们这里归纳为以下几点：

第一，准确规范，清晰集中

准确规范是指播音当中的发音符合汉语普通话的语音规范，发音不受其他方言的影响。发音清晰是指发音清晰分明，听辨容易，声音不散漫，集中有力，方向感强。

第二，圆润动听，朴实大方

圆润指声音听感丰满润泽，使感受到的声音愉悦动听。播音用声风格本色自然，不追求过分的夸张和艺术的渲染，不装腔作势，不矫揉造作。

第三，虚实结合，刚柔相济

从艺术表现的手段上看虚实结合运用了对比的手法，使音色不显得单调，在对比中呈现变化，声音听起来婉转动听。

第四，色彩丰富，变化自如

播音员的声音富有随情感变化而音色层次鲜明、变化自如的特点，具有很强的立体感和声音弹性。

第一节　普通话语音

一、声母的发音

按汉语语音学的传统分析方法，把一个音节分为声母和韵母两部分。对于学习汉语和研究汉语语音来说，这是符合汉语语音规律的。一个汉语音节起头的辅音叫声母。普通话有 22 个声母，其中 21 个是辅音，一个是零声母。没有辅音声母的音节叫零声母音节，没有辅音的声母叫零声母。

1. 声母的发音

b——成阻时双唇闭合，持阻气流到达双唇后蓄气，爆发而出，气流较少。

发音例词：

八宝　把柄　百般　败笔　半百　标兵　辨别　版本　爸爸　不必

不便　八百　阜鄙　北边　白班　包办　补报　被迫　宝贝　北部

p——成阻、持阻与 b 相同；除阻时有较强气流冲开双唇。

发音例词：

排炮　评判　乒乓　品评　偏旁　批判　琵琶　匹配　偏僻　批评

偏偏　婆婆　澎湃　泼皮　蓬蓬

m——双唇闭合，软腭下垂，声带颤动，气流到达鼻口腔，在双唇后受阻，气流从鼻腔透出成音。

发音例词：

麻木　埋没　骂名　麦苗　眉目　美名　谩骂　美貌　弥漫　米面

妈妈　买卖　妹妹　秘密　明明　美满　卖萌　面貌　盲目　面目

f——下唇向上齿靠拢，接触但形成缝隙；软腭上升关闭鼻腔；气流从齿唇的间隙中挤出摩擦成声。

发音例词：

发放　发疯　反复　方法　奋发　福分　夫妇　防风　犯法　分发

愤愤　纷纷　非法　吩咐　防腐　发凡

d——舌尖抵上齿龈形成阻碍；气流在口腔蓄气后冲破舌尖障碍，爆发成音。

发音例词：

达到　答对　大地　大胆　打赌　打动　单独　担待　担当　当代

到底　得到　等待　懂得　地段　到达　道德

t——发音状况与 d 相似；成阻、持阻阶段基本相同；除阻有较强的气流。

发音例词：

塌台　抬头　贪图　天天　谈天　探讨　探听　逃脱　淘汰　疼痛

天堂　偷偷　谈吐　天体　体贴

n——舌尖顶满上齿龈，软腭下降，声带振动，气流同时到达鼻腔和口腔，气流在口腔受到阻碍，但从鼻腔通过成音。

发音例词：

奶牛　男女　恼怒　能耐　泥泞　农奴　牛奶　奶奶　拿捏　南宁

年年　囡囡　呢喃　泥淖　袅袅

l——舌尖抵住上齿龈的后部，软腭升，关闭鼻腔；声带振动，气流到达口腔后从舌两边流出成音。

发音例词：

拉力　来历　来路　劳累　劳力　利落　历来　理疗　流露　榴梿

力量　理论　联络　来临　玲珑　浏览

g——舌根隆起抵住软硬腭交界处，气流在形成阻碍的部位后积蓄，突然冲破舌根阻碍，爆发成音。

　　发音例词：

　　改革　尴尬　杠杆　改过　干果　感官　更改　光顾　广告　规格

　　各个　哥哥　刚刚　公共　各国　灌溉　巩固　古怪

　　k——成阻、持阻阶段与 g 基本相同，两唇开度比 g 稍窄；除阻气流较强。

　　发音例词：

　　开课　开口　开阔　坎坷　苛刻　夸口　空旷　困苦　亏空　可口

　　可靠　宽阔　刻苦　开垦　慷慨　可可

　　h——舌根隆起，舌高点对着软腭，有缝隙；软腭上升，气流从缝隙中挤出，摩擦成音。口腔开度较 g、k 大些。

　　发音例词：

　　海涵　憨厚　含混　含糊　喊话　航海　行话　豪华　好话　和缓

　　合乎　辉煌　后悔　缓和　欢呼　汉化　黄海　荷花　呼唤　惶惶

　　j——舌面前抵住硬腭前部；解除阻塞时在原成阻部位保持适当间隙，气流从窄缝中挤出，摩擦成音。

　　发音例词：

　　激进　积极　基建　机警　家境　讲解　健将　将军　交接　救济

　　经济　仅仅　解决　坚决　季节　接近　阶级　姐姐

　　q——发音时状况与 j 相似，成阻、持阻基本相同，除阻时气流增强。

　　发音例词：

　　亲切　漆器　七窍　凄切　齐全　乞求　气球　恰巧　千秋　前驱

　　轻巧　请求　亲戚　确切　情趣　崎岖　悄悄　恰恰

　　x——舌面前接近硬腭前部，成阻部位出现缝隙，气流从缝隙中挤出摩擦成声。

　　发音例词：

　　嬉笑　习性　喜讯　细心　狭小　下乡　鲜血　纤细　闲心　小学

　　星星　休息　想象　谢谢　信心　新兴　形象　乡下

　　zh——舌尖翘起顶住硬腭前部，在阻碍的部位后积蓄气流，除阻时舌尖缓慢离开上齿龈后部，气流轻微从间隙中流出。

发音例词：

招展　折中　真挚　指正　支柱　政治　战争　真正　主张　挣扎

之中　种种　住宅　着重　整整　蜘蛛　专著　专职　执照

ch——发音时状况与 zh 相同，有明显的气流从口腔中流出。

发音例词：

长城　踌躇　出场　戳穿　橱窗　常常　处处　长处　出差　出产

超出　车床　重重　惆怅　长春　超产　除尘

sh——成阻舌尖翘起顶住上齿龈，与后部硬腭前部相对，有空隙，除阻气流从间隙中擦出。

发音例词：

杀伤　山水　膳食　赏识　上升　少数　烧伤　舍身　声势　水手

事实　实施　叔叔　闪烁　手术　瞬时　上述　收拾　神圣

r——发音时状况与 sh 相同，只是声带振动。

发音例词：

嚷嚷　忍让　忍辱　人人　仍然　如若　软弱　容忍　闰日　荣辱

柔软　冉冉　扰攘　荏苒

z——舌尖抵上齿背，口不出气软腭升；除阻舌尖离开上齿背，气流间隙中流出。

发音例词：

遭罪　造作　自在　自尊　宗族　呲嘴　栽赃　再造　在座　藏族

总则　走卒　走嘴　祖宗　罪责　做作　孜孜　姊姊　嘴子　最早

c——发音状况与 z 相似，只是有较多气流。

发音例词：

猜测　残存　仓促　苍翠　草丛　残次　参差　从此　催促　措辞

粗糙　葱翠　草草　灿灿　此次　刺死　曹操　曹灿

s——成阻舌尖和上齿背相阻，有空隙，软腭升，鼻不通气；除阻气流从间隙中挤出。

发音例词：

洒扫　缫丝　嫂嫂　色素　僧俗　思索　四散　松散　送死　搜索

诉讼　速算　琐碎　飒飒　赛事　丝丝　四色　四十　四艘　撒手

零声母的词语训练：没有辅音声母的音节我们称为零声母音节。零声母的"零"在实际发音中不等于"没有"，虽没有声母的音节，但实际发音中仍有辅音的发音特征。

开口呼零声母——i u ü 以外的由元音起头的音节

练习材料：

哀乐　爱乐　哀怨　安稳　安逸　熬夜　鳄鱼　暗语　暗影　昂扬

遨游　扼要　恶意　恩怨　厄运　暗暗　暗喻　傲岸　阿姨　奥运

嗷嗷　而已

齐齿呼零声母——i 自成音节或以 i 起头的音节

练习材料：

压抑　牙龈　烟叶　沿用　演绎　盐业　扬言　仰泳　谣言　教研

娇艳　摇椅　夜游　夜莺　液压　一样　医药　已有　医用　音译

意义

合口呼零声母音节——以 u 起头的音节

练习材料：

外文　外物　玩味　忘我　无味　慰问　文武　王维　威武　委婉

晚宴　外溢　未有　委员　误用　往往　万物　问我　娃娃　呜呜

2. 声母发音辨读

（1）送气音与不送气音的辨读

b—p	补票	编排	包赔	爆破	背叛	奔跑
p—b	旁边	排版	配备	皮包	跑步	赔本
d—t	冬天	大体	带头	代替	动态	短途
t—d	台灯	态度	土地	推动	特点	停顿
g—k	顾客	概括	观看	赶快	广阔	高空
k—g	开关	宽广	考古	客观	苦功	口供

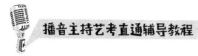

j—q	机器	尽情	急切	技巧	精确	健全
q—j	期间	奇迹	全局	抢救	请假	前进
zh—ch	展出	支持	忠诚	正常	职称	争吵
ch—zh	成长	处置	城镇	超重	车站	纯正
z—c	早操	紫菜	自从	座次	佐餐	宗祠
c—z	存在	村子	操作	错字	词组	辞藻

（2）f—h 的辨读

f—h

发挥	符号	繁华	返回	复合	愤恨	废话	分化	腐化	饭盒
防护	妨害	放火	飞蝗	凤凰	复活	附会	附和	分红	烽火
反悔									

h—f

恢复	后方	划分	合法	花费	耗费	花粉	化肥	焕发	混纺
韩非	行贩	杭纺	浩繁	豪放	毫发	豪富	河防	和风	和服
横幅	洪峰								

（3）前后鼻音 n—l 的辨读

n—l

纳凉	能力	努力	年龄	奶酪	能量	内陆	奴隶	拿来	脑力
女郎	暖流	内力	耐劳	脑颅	南岭	农林	农历	尼龙	年历
内涝	内乱								

l—n

留念	来年	老年	老农	历年	列宁	辽宁	烂泥	老娘	老衲
累年	冷凝	冷暖	利尿	连年	两难	林农	羚牛	凌虐	流年
龙年	遛鸟								

（4）j q x—z c s 的辨读

集资	麂子	祭祀	席子	戏子	旗子	妻子	棋子	戏词	下策
徇私	自己	资金	自尽	字迹	字句	自家	自觉	瓷器	刺激
磁极	肃清								

（5）z c s 与 zh ch sh 的发音辨读

练习材料

张嘴　振作　赈灾　正在　正宗　杂志　栽种　在职　增长　资助

差错　场次　车次　陈醋　成材　财产　采茶　残喘　操场　草创

3. 声母绕口令的练习

b—p

八百标兵奔北坡，炮兵并排北边跑，炮兵怕把标兵碰，标兵怕碰炮兵炮。

b—t

白石塔，白石搭，白石搭石塔，白塔白石搭。搭好白石塔，白塔白又大。

b—d

板凳宽，扁担长，板凳比扁担宽，扁担比板凳长，扁担要绑在板凳上，板凳不让扁担绑在板凳上，扁担偏要板凳让扁担绑在板凳上。

m

猫猫有一身灰毛，毛毛要猫猫的灰毛，猫猫要毛毛的红帽，毛毛把红帽交给猫猫，猫猫给毛毛几根灰毛。

山上有座白庙，地上有只白猫，白发老公公掉了一顶白帽，白猫叼着白帽跑进了白庙。

f

粉红墙上画凤凰，凤凰画在粉红墙。黄凤凰，红凤凰，粉红凤凰花凤凰。

d—t

调到敌岛打特盗，特盗太刁投短刀。挡推顶打短刀掉，踏盗得刀盗打倒。

d

会炖我的炖冻豆腐，来炖我的炖冻豆腐，

不会炖我的炖冻豆腐，就别炖我的炖冻豆腐。

要是会炖我的炖冻豆腐，炖坏了我的炖冻豆腐，就吃不成我的炖冻豆腐。

n—l

老龙恼怒闹老农，老农恼怒闹老龙。农怒龙恼农更怒，龙恼农怒龙怕农。

g—k

哥挎瓜筐过宽沟，赶快过沟看怪狗。光看怪狗瓜筐扣，瓜滚筐空哥怪狗。

h

华华有两朵黄花，红红有两朵红花。华华要红花，红红要黄花。

华华送给红红一朵黄花，红红送给华华一朵红花。

j—q—x

七巷一个漆匠，西巷一个锡匠，

七巷漆匠偷了西巷锡匠的锡，西巷锡匠偷了七巷漆匠的漆。

七加一，七减一，加完减完等于几？

七加一，七减一，加完减完还是七。

s

四是四，十是十，十四是十四，四十是四十，

不要把十四说成是"实事"，也不要把四十说成是"细席"。

z c

早晨早早起，早起做早操，人人做早操，做操身体好。

sh—zh

时事学习看报纸，报纸登的是实事；常看报纸要多思，心里装着天下事。

史老师讲时事，常学时事长知识。时事学习看报纸，报纸登的是时事。

山前有个崔粗腿，山后有个崔腿粗，崔粗腿和崔腿粗，二人山前来比腿，也不知是崔粗腿比崔腿粗腿粗，还是崔腿粗比崔粗腿粗腿。

二、韵母的发音

按照汉语语音学传统的分析方法，把汉语音节中声母以后的部分叫韵母。韵母由单元音或复合音充当。普通话一共有39个韵母，其中10个为单元音韵母，13个为复元音韵母，16个为鼻韵母。韵母内部结构可分为韵头、韵腹、韵尾三部分。韵母中声音最响亮的部分是韵腹，它的前面是韵头，后面是韵尾。单韵母只有韵腹，没有韵头和韵尾。韵腹是不可缺少的。

1. 韵母的发音

（1）单韵母的发音

a——口腔大开，舌尖轻抵下齿背，舌面中部偏后部微微隆起，和硬腭后部相对。发音时，声带振动，软腭上升，关闭鼻腔通道。

发音例词：

发达 打靶 奔拉 打发 马达 大厦 打岔 哪怕 吗啡 麻风

码头 马蹄 罢笔 爬坡 耙犁 啪啦 哑巴 娃娃 鞑靼 罢免

o——上下唇自然拢圆，舌身后缩，舌面后部隆起，和软腭相对，舌位介于半高半低之间。发音时，声带振动，软腭上升，关闭鼻腔通路。

发音例词：

哦 噢 喔

e——口半闭，嘴角向两边微展，舌身后缩，舌尖离下齿背较远，舌面后部稍隆起和软腭相对，比元音o略高而偏前。发音时，声带振动，软腭上升，关闭鼻腔通路。

发音例词：

客车 合格 苛刻 色泽 车辙 各个 隔热 各色 合辙 瑟瑟

测报 色彩 择才 责打 责罚 合法 何故 设法 舌根

ê——口腔自然打开，舌尖微抵下齿背，舌面前部隆起，和硬腭前部相对。发音时，声带振动，软腭上升，关闭鼻腔通路。

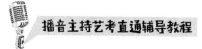

发音例词：

欸

i——口微开，两唇呈扁平形，嘴角向两边展开，上下齿相对（齐齿），舌尖接触下齿背，舌面前部隆起和硬腭前部相对。发音时，声带振动，软腭上升，关闭鼻腔通路。

发音例词：

笔记　比例　机器　礼仪　谜底　戏迷　仪器　一起　意义　以及

细腻　漆器　鼻翼　利用　一定　以前　启迪　气力　起立　凄厉

u——两唇收缩成圆形，向前突出，中间留一个小孔；舌后缩，舌面后部高度隆起，和软腭相对。发音时，声带振动，软腭上升，关闭鼻腔通路。

发音例词：

补助　部署　不顾　初步　出路　读物　互助　出入　粗鲁　催促

骨灰　股份　故都　出国　出色　谷物　葫芦　呼噜　故土

ü——两唇拢圆，略向前突出，中间留一个扁圆小孔，舌尖抵住下齿背，舌面前部隆起，和硬腭前部相对。发音时，声带振动，软腭上升，关闭鼻腔通路。

发音例词：

区域　聚居　踽踽　徐徐　序曲　语句　豫剧　语序　寓居　曲剧

剧本　区别　躯干　取得　去皮　举办　具备　局部　举报

er——口腔自然打开，舌位不高不低不前不后，舌前部上抬，舌尖向上卷，和硬腭前部相对。发音时，声带振动，软腭上升，关闭鼻腔通路。

发音例词：

而且　儿歌　儿化　儿女　耳朵　二胡　而今　耳根　耳光　儿童

尔等　二号　反而　份儿　第二　钓饵　毒饵　胎儿　儿子　儿戏

—i（前）——口略开，嘴角向两旁展开，舌尖和上齿背相对，保持适当距离。发音时，声带振动，软腭上升，关闭鼻腔通路。这个韵母在普通话发音时只出现在 z c s 的后面。

发音例词：

字词　自私　自此　丝丝　次次　孜孜　私自　四次　刺字　孳孳

思想　此刻　刺骨　资本　自评　次年　词根　词汇　词法　司机

—i（后）——口略开，嘴角向两旁展开，舌尖前端抬起和硬腭相对。发音时，声带振动，软腭上升，关闭鼻腔通道。这个韵母在普通话里只出现在 zh ch sh r 的后面。

发音例词：

事实　实施　适时　实质　失职　食指　吃食　日志　知识　指示

史诗　失实　支持　智齿　咫尺　室内　适宜　市尺　值日　指使

（2）复韵母的发音

ai

发音例词：

爱戴　白菜　采摘　彩带　彩排　拆台　海带　海菜　晒台　灾害

ei

发音例词：

配备　肥美　非得　妹妹　蓓蕾　贝类　飞贼　累累　黑煤　每位

ao

发音例词：

懊恼　包抄　报道　报告　操劳　草包　草帽　叨唠　号召　高傲

ou

发音例词：

绸缪　丑陋　兜售　抖擞　手头　口头　叩头　漏斗　喉头　后头

ia

发音例词：

家家　假牙　加价　恰恰　下牙　压价　下家　下嫁　下压

ie

发音例词：

结业　姐姐　歇业　贴切　爷爷　谢谢　趔趄　结节

ua

发音例词：

呱呱　挂花　耍滑　娃娃　哇哇　花袜　花花

uo

发音例词：

落墨　萝卜　没落　默默　伯伯　阔绰　火锅　啰唆　摩托　国货

üe

发音例词：

雀跃　约略　确切　决裂　决绝　血液　学业　月夜　虐待

三合元音

iao

发音例词：

吊桥　吊销　脚镣　教条　渺小　叫嚣　疗效　秒表　调教　窈窕

iou

发音例词：

久留　舅舅　啾啾　求救　绣球　优秀　悠久　有救　牛油　流油

uai

发音例词：

乖乖　外快　怀揣　外踝　外来　外表　歪曲　衰弱　拐弯　淮口

uei

发音例词：

垂危　翠微　归队　回归　回味　回嘴　悔罪　汇兑　魁伟　水位

鼻韵母的发音

an

发音例词：

安然　案板　暗淡　暗含　斑斓　参赞　参战　惨淡　寒潭　胆寒

en

发音例词：

本分　本人　沉闷　称身　分身　粉尘　愤恨　根本　门诊

in

发音例词：

濒临　亲信　金印　斤斤　仅仅　近邻　近亲　尽心　临近　信心

ün

发音例词：

军训　均匀　芸芸　军事　俊俏　骏马　群众　裙子　勋章　驯服

军区

ang

发音例词：

帮忙　厂房　苍茫　长方　当场　商场　烫伤　当啷　放荡　行当

eng

发音例词：

成风　承蒙　逞能　登程　丰登　丰盛　风声　风筝　更生　更正

ong

发音例词：

动容　工种　公共　公众　共同　烘笼　轰动　轰隆　红铜　笼络

ing

发音例词：

星星　惊醒　晶莹　精兵　萦绕　影印　应验　情报　恩情

ian

发音例词：

边沿　变脸　变迁　变天　天边　癫痫　点验　垫肩　电键

uan

发音例词：

酸软　婉转　宛转　万贯　万万　专断　专款　转换

üan

发音例词：

涓涓　渊源　卷烟　源泉　源源　圆圈　宣传　悬挂

uen

发音例词：

滚滚　混沌　困顿　昆仑　温存　温顺　谆谆　论文　馄饨

iang

发音例词：

将养　粮饷　两厢　两样　亮相　踉跄　两江　洋姜　洋相

uang

发音例词：

框框　狂妄　双簧　网状　往往　装潢　状况　窗台　创伤

ueng

发音例词：ueng（weng）

瓮声瓮气　瓮中之鳖　蕹菜　老翁　渔翁　水瓮　主人翁

iong

发音例词：iong

窘迫　炯炯　穷苦　穷尽　兄弟　凶恶　凶狠　凶器　汹涌

2. 韵母的辨读

in 和 ing 对比辨读

心情　品行　心灵　民兵　金星　灵敏　清音　平民　精心　定亲

红心——红星　人民——人名　信服——幸福

劲头——镜头　婴儿——因而　海滨——海兵

临时——零时　禁止——静止　弹琴——谈情

印象——映像　宾馆——冰馆　频频——平平

今天——惊天　亲近——清静　金银——经营

en 和 eng 对比辨读

真诚　城镇　神圣　陈胜　圣神　分身　丰盛　分封

陈旧——成就　真气——蒸汽　整段——诊断

上身——上升　人参——人生　针眼——睁眼

成风——晨风　同门——同盟　瓜分——刮风
出生——出身　粉刺——讽刺　花盆——花棚
分子——疯子　深耕——生根　正中——震中
分针——风筝　审视——省市　深沉——生成

i—ü 对比辨读

继续　纪律　谜语　体育　例句　履历　语气　距离　曲艺　具体

比翼——比喻　生育——生意　居住——记住
聚会——忌讳　取名——起名　姓吕——姓李
雨具——以及　区域——歧义　季节——拒绝
分区——分期　前面——全面　经济——京剧
容易——荣誉　办理——伴侣　适宜——适于

o—e 的辨读

合格　各个　哥哥　苛刻　特乐　瑟瑟
薄皮　博大　魔法　波特　播了　莫名
婆婆　破盒　伯伯　磨合　墨盒　佛魔
薄膜　默默　呵呵　伯乐　博得　特破

o—uo 的辨读

萝卜　落魄　笸箩　菠萝　破获　所迫　婆娑　泼墨　落落　霍霍
阔绰　迫害　薄荷　茉莉　佛国　过热　骆驼　破灭　摸索　妥妥

u—ou 的辨读

糊涂　路途　舒服　苏武　突出　苦读　秋收　露头　走狗　喉头
叩首　梳头　熟透　出丑　除臭　助手　出售　出手　鼠丑　苏州
诅咒　粗头　煮粥

3. 韵母绕口令

a

小华和胖娃，两个种花又种瓜，
小华会种花不会种瓜，胖娃会种瓜不会种花。
水中映着彩霞，水面游着花鸭。霞是五彩霞，鸭是麻花鸭。

麻花鸭游进五彩霞，五彩霞网住麻花鸭。乐坏了鸭，拍碎了霞，分不清是鸭还是霞。

e

坡上立着一只鹅，坡下就是一条河。宽宽的河，肥肥的鹅，鹅要过河，河要渡鹅。不知是鹅过河，还是河渡鹅。

i

一二三，三二一，一二三四五六七。

七个阿姨来摘果，七个花篮儿手中提。

七棵树上结七样儿，苹果、桃儿、石榴、柿子、李子、栗子、梨。

荸荠有皮，皮上有泥。洗掉荸荠皮上的泥，削去荸荠外面的皮，

小丽、小艺和小奇，欢欢喜喜吃荸荠。

u

鼓上画只虎，破了拿布补。不知布补鼓，还是布补虎。

小猪扛锄头，吭哧吭哧走。小鸟唱枝头，小猪扭头瞅，

锄头撞石头，石头砸猪头。小猪怨锄头，锄头怨猪头。

er

要说"尔"专说"尔"/马尔代夫，喀布尔/阿尔巴尼亚，扎伊尔/卡塔尔，尼泊尔/贝尔格莱德，安道尔/萨尔瓦多，伯尔尼/利伯维尔，班珠尔/厄瓜多尔，塞舌尔/哈密尔顿，尼日尔/圣彼埃尔，巴斯特尔/塞内加尔的达喀尔，阿尔及利亚的阿尔及尔。

—i（前）

一个大嫂子，一个大小子。大嫂子跟大小子比包饺子，看是大嫂子包的饺子好，还是大小子包的饺子好，再看大嫂子包的饺子少，还是大小子包的饺子少。大嫂子包的饺子又小又好又不少，大小子包的饺子又小又少又不好。

—i（后）

知之为知之，不知为不知，不以不知为知之，不以知之为不知，唯此才能求真知。

ai

买白菜，搭海带，不买海带就别买大白菜。

买卖改，不搭卖，不买海带也能买到大白菜。

ei

贝贝飞纸飞机，菲菲要贝贝的纸飞机，

贝贝不给菲菲自己的纸飞机，贝贝教菲菲自己做能飞的纸飞机。

ao

小毛抱着花猫，花猫用爪抓小毛，小毛用手拍花猫，花猫抓破了小毛。

小毛打疼了花猫，小毛哭，花猫叫，小毛松开了花猫，花猫跑离了小毛。

ou

月亮走，我也走，我给月亮提竹篓，竹篓里面装豆豆，送给月亮上的小猴猴，小猴吃了豆豆长肉肉。

an

板凳宽，扁担长，板凳比扁担宽，扁担比板凳长。

扁担要绑在板凳上，板凳不让扁担绑在板凳上，扁担偏要板凳让扁担绑在板凳上。

南南有个篮篮，篮篮装着盘盘，盘盘放着碗碗，碗碗盛着饭饭。

南南翻了篮篮，篮篮扣了盘盘，盘盘打了碗碗，碗碗撒了饭饭。

en

小陈去卖针，小沈去卖盆。俩人挑着担，一起出了门。

小陈喊卖针，小沈喊卖盆。也不知是谁卖针，也不知是谁卖盆。

真冷、真冷、真正冷，人人都说冷。猛的一阵风，更冷。

ang

板凳宽，扁担长，板凳比扁担宽，扁担比板凳长。

扁担要绑在板凳上，板凳不让扁担绑在板凳上，扁担偏要板凳让扁担绑在板凳上。

eng

陈庄程庄都有城，陈庄城通程庄城。陈庄城和程庄城，两庄城墙都有门。

陈庄城进程庄人，陈庄人进程庄城。请问陈程两庄城，两庄城门都进人。

哪个城进陈庄人，程庄人进哪个城？

in

同姓不能念成通信，通信也不能念成同姓；同姓可以互相通信，通信可不一定同姓。

ing

天上七颗星，树上七只鹰，梁上七个钉，台上七盏灯。

拿扇扇了灯，用手拔了钉，举枪打了鹰，乌云盖了星。

ua

华华有两朵红花，红红有两朵黄花，华华想要黄花，红红想要红花。

华华送给红红一朵红花，红红送给华华一朵黄花。

uo（o）

多多和哥哥，坐下分果果。哥哥让多多，多多让哥哥。都说要小个，外婆乐呵呵。

ong

东边来个小朋友叫小松，手里拿着一捆葱。

西边来个小朋友叫小丛，手里拿着小闹钟。

小松手里葱捆得松，掉在地上一些葱。

小丛忙放闹钟去拾葱，帮助小松捆紧葱。

小松夸小丛像雷锋，小丛说小松爱劳动。

三、声调的发音

一个汉字是一个音节，构成音节的基本要素是声母、韵母、声调。声调是汉语音节所固有的，可以区别意义的声音的高低和升降。

声调包括调值和调类两个方面。调值，也叫调形，是声调的实际读法，是用数值表示出来的声调的高低升降曲直长短的变化形式和幅度，也就是音节高低升降曲直变化的具体形式。"五度标记法"科学地描写了调值，五度标记法的制作原理是：用一条竖线表示声音的高低，由下部最低点到上部最高点分成四格五个调域，自下而上用1、2、3、4、5代表低、半低、中、半高、高五度；在竖线的左侧，自左至右画一条线，把音高随时间而产生的变化描画出来。这条线的高低曲折反映的便是声调的高低变化，也就是声调的调值。

普通话各类声调的调值可以这样描述：（不包括轻声和变调）

阴平，又称第一声。调值55，又叫高平调，汉语拼音方案用"ˉ"表示。

阳平，又称第二声。调值35，又叫中升调，汉语拼音方案用"ˊ"表示。

上声，又称第三声。调值214，又叫降升调，汉语拼音方案用"ˇ"表示。

去声，又称第四声，调值51，又叫全降调，汉语拼音方案用"ˋ"表示。

调类即是声调的类别，就是声调的种类，是把调值相同的字归纳在一起所建立的类。汉语普通话有4个调类，基本调类不包含轻声和变调。

1. 阴平的发音练习

阴平，通称第一声，又叫高平调。发音由五度到五度，调值55，音值高而平直，起音很高，收音也很高，声音始终高而平，基本上没有升降的变化。

练习材料：

双音节阴平练习：

参加　西安　播音　工兵　拥军　丰收　香蕉　咖啡　班车　单一
国歌　联欢　革新　南方　群居　农村　长江　航空　围巾　原封

古诗词声调练习：

飒飒西风满院栽，蕊寒香冷蝶难来。

他年我若为青帝，报与桃花一处开。（《题菊花》黄巢）

日照香炉生紫烟，遥看瀑布挂前川。

飞流直下三千尺，疑是银河落九天。（《望庐山瀑布》李白）

2. 阳平发音练习

阳平，通称第二声，又叫高升调，调值35。由中音升到高音，即由3度升到5度，发音时直线上升，是个高升的调子。起调略高，逐渐升高，升到最高。全调时值比阴平、去声稍长，比上声略短。

练习材料：

双音节阳平练习：

直达　滑翔　儿童　团结　人民　模型　联合　驰名　临时　吉祥

指南　普及　反常　谴责　讲完　朗读　考察　里程　起航　软席

古诗词声调练习：

白日依山尽，黄河入海流。

欲穷千里目，更上一层楼。（《登鹳雀楼》王之涣）

故人西辞黄鹤楼，烟花三月下扬州。

孤帆远影碧空尽，惟见长江天际流。（《黄鹤楼送孟浩然之广陵》李白）

3. 上声发音练习

上声，通称第三声，是降升调，调值是214。特点是先降再升。由半低音先降到低音再升到半高音，即2度降到1度再升到4度，是先降后升的调子，调值214。

上声双音节声调练习：

古典　北海　领导　鼓掌　广场　展览　友好　导演　首长　总理

感想　理想　索取　稳妥　奖赏　晚点　瓦解　土法　讨好　散养

美好

古诗词声调练习：

春眠不觉晓，处处闻啼鸟。

夜来风雨声，花落知多少？（《春晓》孟浩然）

锄禾日当午，汗滴禾下土。

谁知盘中餐，粒粒皆辛苦。（《悯农》李绅）

4. 去声发音练习

去声，通称第四声，去声调又叫全降调。由高音降到低音，即由 5 度降到 1 度，是个全降的调子，调值为 51，高起低收。声音从高到低，音长为最短。

去声双音节声调练习：

日月　大厦　破例　庆贺　宴会　画像　示范　大会　快报

致意　建造　干部　录像　禁忌　看待　俊俏　救济　巨著

诗词及段落练习：

宁化、清流、归化，路隘林深苔滑，今日向何方？

直指五夷山下。山下山下，风展红旗如画。（《如梦令·元旦》毛泽东》）

四、语流音变

在语流中，由于受到相邻音节的相邻音素的影响，一些音节中的声母、韵母或声调会发生语音的变化，我们就称为语流音变。普通话中最典型的语流音变是轻声、儿化、变调和语气词"啊"的音变。

1. 轻声

普通话每一个音节都有它自己的声调，可是在词或句子里有些音节常常失去原有的声调而念成一种较轻较短的调子，就叫作轻声。普通话中的轻声往往有区别词性和词义的作用，例如：

请听电影《地道战》的录音剪辑。	地道：dìdào 地下坑道（名词）
他学的广东话还挺地道呢。	地道：dìdao 真正的（形容词）
我们先来了解一下的歌词大意。	大意：dàyì 主要的意思（名词）
您可千万别大意了。	大意：dàyi 粗心疏忽（形容词）

一个字在什么情况下读轻声呢？下面提供一些规律供参考：

（1）语气词"吧、吗、啊、呢"等。

（2）助词"着、了、过、的、地、得、们"。

（3）名词的后缀"子、头"等。

（4）重叠式名词、动词的后一个音节，双音节形容词重叠，第一音节重叠部分轻读。

（5）表示趋向的动词、方位词或词素。

（6）还有些双音节词的第二个音节按习惯要读成轻声。例如：

太阳、月亮、云彩、耳朵、眉毛、眼睛。

2. 儿化

儿化又称儿化韵，是普通话和某些汉语方言中的一种语音现象，即后缀"儿"字不自成音节，而同前头的音节合在一起，使前一音节的韵母成为卷舌韵母，例如"点儿"不是发成两个音节 diǎn，er，而是发成一个音节 dianr。

"儿化"在普通话里起着修辞和表示语法功能的积极作用。

（1）区别词义

活（生存，有生命）——活儿（工作）

尖（物品声音的细小、尖锐）——尖儿（细小、尖锐的末端）

笑话（耻笑）——笑话儿（引人发笑的谈话或故事）

白面（面粉）——白面儿（毒品）

火星（星球）——火星儿（极小的火点）

（2）区别词性

动词、名词两用或形容词儿化后固定为名词，动词儿化后借用为量词。

画（动词）——画儿（名词）

盖（动词）——盖儿（名词）

管（动词）——管儿（名词）

罩（动词）——罩儿（名词）

除了上述语法功能外，儿化还能起到积极的修辞作用。

（1）表示喜欢、亲切的感情色彩

鲜花儿 小猫儿 山歌儿 小白兔儿 胖乎乎儿 小女孩儿

（2）表示委婉、温和的态度

你慢慢儿走 说说心里话儿 有工夫来玩儿

（3）表示细、小、尖、短、轻等形状和性质

门缝儿　一会儿　粉末儿　牙签儿　小瓶儿　脚丫儿　贴片儿

儿化音变方式比较复杂，具体有以下几种：

音节末尾是 a、o、e、u 的，直接加上卷舌动作—r

a—ar—腊八儿　号码儿　油渣儿　板擦儿

韵母是 ai、ei、an、en 的，失落韵尾，加卷舌动作—r

ai—ar—冒牌儿　窗台儿　鞋带儿　活塞儿

韵尾是 ng 的，失落韵尾（ing 还要加 e），韵腹变成鼻化元音同时加卷舌动作

ang—ar—肩膀儿　帮忙儿　秘方儿　哑嗓儿

单韵母 i、ü 直接加 er

i—ier—玩意儿　门鼻儿　眼皮儿　警笛儿

韵母或韵尾为 e 以及韵母为—i（前）、—i（后）的，变 e 加卷舌动作。舌尖特殊元音韵母—i，韵母失落变成 er

ie—ier—树叶儿　菜蝶儿　台阶儿　麦秸儿

韵母是 ui、in、un、ün 的，失落韵尾加 er

in—ier—脚印儿　树荫儿　干劲儿　手心儿

3. 变调

音节在连续时，相邻音节声调发生变化的现象叫变调。普通话中的变调主要包括上声变调、去声变调、"一"和"不"的变调以及重叠形容词的变调。

（1）上声变调规律

上声音节单念或在句尾时不变，仍读本调。例如：反、造反。

上声音节在非上，即阴平、阳平、去声和轻声音节前，其调值 214 变为 21，也记作 211（即所谓"半上"）。例如：始终、老师、指标、北京、广播、体操、领空、首先、转播、纺织、史诗。

上声音节与上声音节相连，前面一个音节的调值由 214 变为接近 35（即所谓阳上）。例如：也许、所以、影响、所有、只好、引起、采取、老板、赶紧、往往、可以。

（2）去声变调规律

去声音节在非去声音节前一律不变。在去声音节前则由全降变成半降，即调值由51变成53。例如：记录、摄像、赞颂、救护、制胜、速递、验货、贵重、内陆。

人生的意义在于奉献，而不是索取。

（53）　　（53）

（3）"一"的变调规律

"一"单用或在词句末尾念本调——阴平。例如：第一、星期一、初一、万一、统一、始终如一、二百三十一。

非去声音节前变去声，例如：一家、一人、一脸。

去声音节前变阳平，例如：一顿、一跳、一个、一份。

夹在重叠词中间念轻声，例如：喊一喊、揉一揉、调一调。

（4）"不"的变调规律

"不"字单用或在词句末尾，以及在阴平、阳平、上声前念本调——去声。

例如：我不、不说、不能、不为。

"不"的变调还表现出如下规律：

在去声音节前读阳平。例如：不去、不见、不算、不换。

夹在词语中念轻声。例如：好不好、美不美、巧不巧。

4．"啊"的音变

"啊"作为表达语气感情的基本声音，作为感叹词用在句前，仍发"a"音。例如：啊（à），伟大的祖国！

如果是语气助词，用在句尾，因受它前面音节收尾音素的影响会发生不同音变：

前一音节收尾音素是a、o（ao、iao除外）、e、ê、i、ü时，"啊"读作ya。例如：小弟弟长大了啊！

前一音节收尾音素是u时（包括ao、iao），"啊"读成wa。例如：谁敢走啊！

前一音节收尾音素是 n 时，读成 na。例如：星子笑说：你好可怜啊！

前一音节收尾音素是 ng 时，"啊"读成 nga。例如：光发愁没用啊！

前一音节收尾音是—i（舌尖后特殊元音）、r 和 er（包括儿化韵）时，"啊"读成 ra。例如：老李，所长没应下你什么差事啊？

前一音节收尾音素是—i（舌尖前特殊元音）时，"啊"读成 za。例如：我说了三次啊？还是四次啊？

以上规律，看上去复杂，其实并不用死记，"啊"的变化基本上是在前一音节的归音过程中顺势产生的。

5. 词的轻重格式

在汉语普通话及各方言中，由于词义或情感表达的需要，一个词中的各个音节有着约定俗成的轻重强弱的差别，称为词的轻重格式。一句话里双音节或多音节中的每个音节都有轻重强弱的不同，造成这种变化的原因，除了音节与音节之间声调的区别外，还因为构成一句话的词或词组的每个音节，在音量上不均衡。我们将短而弱的音节称为轻，长而强的音节称为重，介于二者之间的称为中。

（1）在普通话中，双音节词轻重格式有三种，其中以中重格式最多

中重格式

日常　打通　交通　领域　当代　小诗　初绿　黄金　碧绿　时代
容颜　假如　晶莹　自然　减色　宝贵　人生　本身　阅读　当时
信奉　理论

重中格式

经验　视觉　听觉　界限　颜色　温度　声音　形象　重量　气味
性质　美好　情感　观感　价值　风气　背景　作品　标准　要求
思想　声响

重轻格式

清楚　唠叨　力气　痛快　喉咙　荸腥

（2）三音节词的轻重格式

中中重

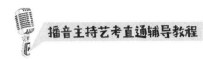
播音员　收音机　呼吸道　东方红　天安门　展览馆　居委会　共产党
共青团　常委会　党支部　国际歌　科学院　招待会　唯物论　井冈山
中重轻
枪杆子　命根子　过日子　拿架子　吊嗓子　臭架子　卖关子　半拉子
打底子　抽冷子　洋鬼子　刀把子　两口子　老头子　搭架子　鼻梁子
中轻重
保不齐　备不住　小不点（儿）　吃不消　大不了　动不动　对不起
过不去　说得来　生意经　冷不防　数得着

（3）四音节词的轻重格式

中重中重
丰衣足食　日积月累　轻歌曼舞　心平气和　无独有偶　五光十色
天灾人祸　年富力强　耳濡目染　枪林弹雨　奇装异服　花好月圆
中轻中重
社会主义　集体经济　化学工业　巴黎公社　南京大学　最后通牒
奥林匹克　慢慢腾腾　高高兴兴　模模糊糊　亮亮堂堂　跌跌撞撞
重中中重
惨不忍睹　义不容辞　敬而远之　诸如此类　相形之下　一扫而空
面如刀割　美不胜收

第二节　播音发声基本技巧

一、胸腹联合式呼吸方法

1. 常见呼吸方式

常见的呼吸方式被称作胸式呼吸、腹式呼吸。我们来看两种常见呼吸方式的特点。

胸式呼吸：依靠上胸部的运动来呼吸称作胸式呼吸。胸式呼吸吸气时耸肩抬头，上胸部抬起，肋骨下缘胸廓周围径基本不变。呼气时上胸下压，声音单薄无力，难以控制。

腹式呼吸：呼吸时小腹起伏，吸气时小腹部明显增大，上胸部基本不变。气流量较多，强度较强，但吸气过深，发音音色偏低，声音低沉、含混，声音缺乏灵活性。

2. 胸腹联合式呼吸方法

吸气中不仅扩大胸腔周围径，而且扩大胸腔的上下径，能吸入较多的气息。动作要领：两肩自然下垂，叹气，呼出余气；口鼻同时进气将气吸至肺底，此时两肋向周围展开，有腰带渐紧的感觉；腹壁站定，在进气同时，腹部肌肉同中心位置（丹田）收缩，腹部要保持住，与膈肌弱抗衡。

胸腹联合式呼吸的总体感觉是：随着气流从口鼻被吸入肺的下部。两肋向两侧张开，腰带渐紧，小腹随之收缩。呼气是要保持腹肌的收缩感，以牵制膈肌和两肋使其不能迅速回弹；随着气流的缓缓呼出，小腹逐渐放松但最后仍不失去收住的感觉，而膈肌与两肋在这种控制下逐渐恢复自然状态。在发声状态中，腹肌控制的强弱是随着思想感情的变化在不停地运动和变化。

3. 换气

换气要根据具体情况而定，一种情况是，两句话之间有较大的停顿的时间，可以正常的从容换气，另一种情况是由于思维和表达的需要，需要补充气息又没有补充气息的时间。这时的换气技巧我们通常叫"补气"或"偷气"。换气总的要求是：句首换气应无声到位，句子当中应小量补充，句子之间应从容换气，句子结尾应余气托送。

4. 呼吸控制练习

（1）锻炼呼吸肌力度及控制力

腹肌弹发练习：用腹肌爆发弹力将气集中成束送到口腔前部，口腔舌位可以用以下四个音来配合：哈（ha）、嘿（hei）、嚯（huo）、呵（he）。开始需一声一声地发，注意腹肌弹发和舌根发h—a时的配合。舌根、下巴均需放松，软腭需上挺，咽壁也需收紧挺直。发出的声音，应该有力度。配合有一定基础后可以连续发音。当你能连续稳定在一定力度状态发音后，可以再改变音强、音高、力度强弱等。在发"哈"时，听起来似京剧小生的笑，在发"嘿"时似冷笑。

在膈肌单声弹发状态稳定的情况下，增加连续弹发 hei 音的次数，连发 2 个、3 个、4 个、5 个……直至可连续发 7~8 个 hei 音。连续弹发时，要注意给气的力量应该均匀，发出的 hei 音也需要保持一定的音量，音高、音色应始终一致。在连续弹发时，还应注意将膈肌的力量控制集中到弹发的瞬间，而在弹发间隔时，膈肌要迅速放松还原到原位。不会放松，膈肌越弹越紧张，最终会因无气可弹而力竭。

随肌弹发喊操口令：一口气发"1、2、3、4"，换气后接着喊"2、2、3、4"，再换口气接着喊"3、2、3、4""4、2、3、4"……延续下去。注意吸气时膈肌放松下降和喊号时有意识地弹发；同时，喊号的数字要饱满、圆润、干脆，有一定力度。

可以模仿吹去桌上的浮土的动作，先吸气然后对准目标逐渐吹去，力求吹气时间长而均匀，此练习延长呼吸的控制时间。呼气时，将气缓缓"吹"出，要求气流匀速、缓慢、量小而集中。可练习吸气肌控制气息的能力。

音量适中发单音"A—"的延长音，气流均匀、声音稳定，小腹从开始到最后都不放松控制。下巴放松，气流集中、声挂前颚，发"ɑ—"音延长音。刚开始练习发这个音由于呼吸肌肉群力量较弱，对气流的控制还没有很好的协调，容易气流不稳、声音发散，延长音也不会持续太长，经过训练逐渐稳定，有较为集中、持续的气流支持，注意发音到最后都不放松控制。

吸一口气数数儿或者数葫芦，中途不换气、不补气，并保证数字间匀速、语音规整、音高一致、力度一致、声音圆润集中。

（2）练习材料

四声夸张训练

巴拔把爸　搭答打大　非肥匪费　汪王枉忘

坡婆叵破　囡南赧难　猫毛卯冒　拎林凛吝

兵强马壮　阶级友爱　山穷水尽　山明水秀　山盟海誓

千锤百炼　飞檐走壁　风调雨顺　心怀叵测　心直口快

逆水行舟　妙手回春　热火朝天　兔死狐悲　驷马难追

信以为真　背井离乡　遍体鳞伤　步履维艰　万古流芳

绕口令

一树枣儿

出东门，过大桥，大桥底下一树枣儿，

拿着杆子去打枣儿，青的多，红的少；

一个枣儿、两个枣儿、三个枣儿、四个枣儿、五个枣儿、六个枣儿、七个枣儿、八个枣儿、九个枣儿、十个枣儿，九个枣儿、八个枣儿、七个枣儿、六个枣儿、五个枣儿、四个枣儿、三个枣儿、两个枣儿、一个枣儿，这是一个绕口令，一口气说完才算好。

数青蛙

一只青蛙一张嘴，两只眼睛四条腿，扑通一声跳下水。

两只青蛙两张嘴，四只眼睛八条腿，扑通扑通两声跳下水。

三只青蛙三张嘴，六只眼睛十二条腿，扑通扑通扑通三声跳下水。

四只青蛙四张嘴，八只眼睛十六条腿，扑通扑通扑通扑通四声跳下水。

满天星

天上看，满天星，地下看，一个坑，坑里看，冻着冰，

冰上看，长着葱，葱上看，落着鹰，屋里看，点着灯，

墙上看，钉着钉，钉上看，挂着弓，山前看，一位僧，山后看，一本经。

看着看着花了眼，西北乾天刮大风，刮散了，满天星，刮平了，地下坑，

刮化了，坑里冰，刮倒了，冰上葱，刮飞了，葱上鹰，刮灭了，屋里灯，

刮掉了，墙上钉，刮翻了，钉上弓，刮走了，山前僧，刮乱了，僧前经。

只刮得：星散、坑平、冰化、葱倒、鹰飞、灯灭、钉掉、弓翻、僧走、经乱。

古诗词

枫桥夜泊

张 继

月落乌啼霜满天，江枫渔火对愁眠。
姑苏城外寒山寺，夜半钟声到客船。

望天门山

李 白

天门中断楚江开，碧水东流至此回。
两岸青山相对出，孤帆一片日边来。

咏　柳

贺知章

碧玉妆成一树高，万条垂下绿丝绦。

不知细叶谁裁出，二月春风似剪刀。

青玉案·元夕

辛弃疾

东风夜放花千树，更吹落，星如雨。

宝马雕车香满路。凤箫声动，玉壶光转，一夜鱼龙舞。

蛾儿雪柳黄金缕，笑语盈盈暗香去。

众里寻他千百度，蓦然回首，那人却在，灯火阑珊处。

虞　美　人

黄庭坚

天涯也有江南信，梅破知春近。

夜阑风细得香迟，不道晓来开遍向南枝。

玉台弄粉花应妒，飘到眉心住。

平生个里愿怀深，去国十年老尽少年心。

新闻稿件

新华社北京2月7日电　国务院总理李克强2月7日主持召开国务院常务会议，听取办理全国人大代表建议和政协委员提案情况汇报，推进依法科学民主决策提升政府工作水平；部署进一步采取市场化债转股等措施降低企业杠杆率，促进风险防控提高发展质量；通过《快递暂行条例（草案）》。

会议指出，国务院各部门办理全国人大代表建议和政协委员提案，是政府依宪施政依法行政、以科学民主决策回应社会关切和服务人民的重要体现。国务院每年都听取汇报，部署建议和提案办理工作。5 年来各部门完善制度、创新机制，共办理建议和提案 58773 件，其中 2017 年办理建议 7471 件、提案 3665 件，分别占当年总数的 89.4% 和 87%，代表委员的建议和提案推动较好解决了一大批事关改革发展和群众切身利益的问题。今年"两会"召开在即，各部门要针对新一届代表委员关注的焦点、提出的建议和提案，以对人民高度负责的态度做好办理工作，推动进一步提高政府工作的针对性和水平。一要创新与代表委员的沟通机制，以多种方式及时通报办理进展，主动听取意见，限时办结，提高办理质量，力戒形式主义。二要按照应公开尽公开的原则，用好网站、新媒体等平台，主动公开办理结果。三要对答复中承诺的事项建立台账，持续推进落实，用实效取信于民。

近日，中小学人工智能教育平台"阿凡题"发布互联网教育大数据报告——《中国中小学写作业压力报告》。报告数据显示，我国中小学生日均写作业时长是世界平均水平的近 3 倍，睡眠不足让不少学生成为"特困族"。

报告数据显示，三年时间内，我国中小学生学习压力确实稍有好转，日均写作业时长由 3.03 小时降低为 2.82 小时。不过，2017 年的最新数据仍是全球平均水平的近 3 倍。同时，无论北上广，还是三四线城市，学生写作业时长已渐趋一致，压力不相上下。其中，湖北黄冈和上海学生写作业时间最长。

在全国中小学生"熬夜城"Top10 中，连续两年都由重庆、天津、北京、上海包揽前四。特别是重庆，连续两年成为"熬夜城"榜首。数据显示，近八成中国父母每天陪孩子写作业，陪写作业成为影响中国家长幸福感的主因之一。有家长吐槽："陪写作业的酸爽，好像每天都打两份工"……另一方面，孩子面对暴躁的家长，也经常心怀委屈，"陪作业"成了破坏美好亲子关系的一大杀手。报告显示，75.79%的家庭曾因"写作业"发生过亲子矛盾。

同样，被作业束缚的不只学生和家长，还有老师。报告显示，中国近七成老师最喜欢讲台，然而每天有近半时间都身陷批改作业的重复工作中。

（记者于忠宁）

二、吐字归音

1. 口腔控制

（1）提颧肌

颧肌是面部肌肉的一部分，它的上方位于眼轮匝肌与咬肌上方之间。提颧肌口腔前部和上唇有上提拓展的感觉，会使声波更易于透出口外，使声音更明朗清晰。而且上唇贴住上齿，使唇的运动有了依托。

（2）挺软腭

腭构成固有口腔的顶，上腭包括硬腭和软腭两部分。在发音过程中软腭的升降改变口咽部的形态，可控制气流流入鼻腔的多少，上抬软腭，可使声音更清晰明朗，改善口腔松散下垂，吐字不积极的状态。挺软腭的感觉可用打哈欠的方法体会。

（3）打牙关

牙关位于口腔的上骨壁连于头骨，口腔的开合靠下颌关节带动下巴活动。打开牙关的重点是上牙努力，而不是下牙用劲。上下槽牙间像咬着弹性物而保持一定距离地打开、闭拢，开口时上槽牙向上打开，闭口时觉得口腔上部像啃东西似的往下扣，口腔开合灵活而有控制。

（4）松下巴

为使上下颌在发音时有较大的开度，松下巴使口腔在纵向上加大容积。练习松下巴时要轻轻地向后收下巴，放松下巴。但要注意口腔开度过大也会不自然。

（5）适当收唇

唇是口腔的最前端，字音的出口，唇的控制对吐字质量影响明显。唇齿适当贴近，克服�’唇引起的吐字含混。放松的口腔状态，唇齿间有较大的距离，语音普遍带有 u 音色彩，发音不清晰。收上唇是靠颧肌的收缩带动完成。

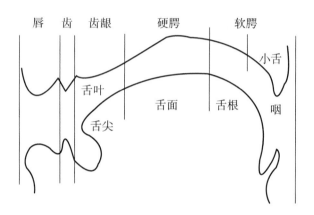

2. 吐字归音

吐字归音是我国民间传统说唱艺人对吐字过程的形象描述，它根据汉字字音特点，提出在吐字过程中各环节的发音要领。

（1）出字——字头有力，叼住弹出

字头的形成不管有没有声母（或零声母），一般对气息都要有一定的阻碍，这个阻碍要有一定的力度，要形成对气息较强的阻力，使气息在口腔的成阻部位之后形成一定的压力。字头叼住弹出，指字头发音要弹发有力。弹出主要指除阻弹出的瞬间轻弹有力，不拖泥带水。

（2）立字——字腹饱满，拉开立起

字腹是音节中的主要元音，发音时口腔开度最大，声音最响亮突出。字腹发音圆润饱满需要口腔开度适当扩大，口腔随字腹立起而打开，使字能"立"起来。口腔上颚随字腹立起而打开，使字音好像能"立"起来，结合声束向硬腭前部流动冲击，这时就有了字音"挂"于上腭的感觉。字腹发音是在滑动中完成，不可僵死不变。单韵母本单位范围内轻微移动，复韵母滑动更为明显。

（3）归音——字尾归音，到位弱收

字尾元音多为开口度较小的元音，而且这个时候口腔肌肉也处于由开渐闭、由紧渐松的阶段，字尾归音要到位。字尾音的舌位与唇形要到位，舌位的动程和唇的动作要有鲜明的趋向，尾音减弱也不应过分拖长，防止拖泥带水留尾巴。

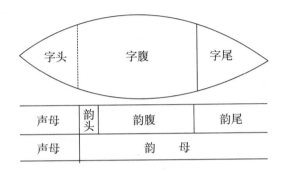

出字、立字、归音是吐字归音的三个阶段，它们是不可分割的整体，如果形象地描绘一个字音的发音过程，那么就像枣核一样的形状。"枣核形"是民间说唱艺人对吐字过程的形象描述。

（1）基础练习

口部体操练习

张嘴像打哈欠，闭嘴如啃苹果。

想象下巴含满水，要控制用力不能将水洒出来。

软腭升降发元音。先提起软腭，发六个单元音；再垂下软腭，发六个鼻化单元音。体会发音时软腭的不同状态。

提起软腭发音与垂下软腭发音：

啊（软腭闭合）——啊（鼻化）——啊（半开半闭）

花（软腭闭合）——花（鼻化）——花（半开半闭）

带（软腭闭合）——带（鼻化）——带（半开半闭）

爱（软腭闭合）——爱（鼻化）——爱（半开半闭）

（2）练习材料

最糟糕的发明

林光如

在一次名人访问中，被问及上个世纪最重要的发明是什么时，有人说是电脑，有人说是汽车，等等。但新加坡的一位知名人士却说是冷气机。他解释，如果没有冷气，热带地区如东南亚国家，就不可能有高的生产力，就不可能达到今天的生活水准。他的回答实事求是，有理有据。

看了有关报道，我突发奇想：为什么没有记者问："20世纪最糟糕的发明是什么？"其实二〇〇二年十月中旬，英国的一家报纸就评出了"人类最糟糕的发明"。获此"殊荣"的，就是人们每天大量使用的塑料袋。

诞生于上个世纪三十年代的塑料袋，其家族包括用塑料制成的快餐饭盒、包装纸、餐用杯盘、饮料瓶、酸奶杯、雪糕杯等。这些废弃物形成的垃圾，数量多、体积大、重量轻、不降解，给治理工作带来很多技术难题和社会问题。

比如，散落在田间、路边及草丛中的塑料餐盒，一旦被牲畜吞食，就会危及健康甚至导致死亡。填埋废弃塑料袋、塑料餐盒的土地，不能生长庄稼和树木，造成土地板结。而焚烧处理这些塑胶垃圾，则会释放出多种化学有毒气体，其中一种称为二噁英的化合物，毒性极大。

此外，在生产塑料袋、塑料餐盒的过程中使用的氟里昂，对人体免疫系统和生态环境造成的破坏也极为严重。

态度创造快乐

一位访美中国女作家，在纽约遇到一位卖花的老太太。老太太穿着破旧，身体虚弱，但脸上的神情却是那样祥和兴奋。女作家挑了一朵花说："看起来，你很高兴。"老太太面带微笑地说："是的，一切都这么美好，我为什么不高兴呢？""对烦恼，你倒真能看得开。"女作家又说了一句。

没料到，老太太的回答更令女作家大吃一惊："耶稣在星期五被钉上十字架时，是全世界最糟糕的一天，可三天后就是复活节。所以，当我遇到不幸时，就会等待三天，这样一切就恢复正常了。"

"等待三天"，多么富于哲理的话语，多么乐观的生活方式。它把烦恼和痛苦抛下，全力去收获快乐。

沈从文在"文革"期间，陷入了非人的境地。可他毫不在意，他在咸宁时给他的表侄、画家黄永玉写信说："这里的荷花真好，你若来……"身陷苦难却仍为荷花的盛开欣喜赞叹不已，这是一种趋于澄明的境界，一种旷达洒脱的胸襟，一种面临磨难坦荡从容的气度，一种对生活童子般的热爱和对美好事物无限向往的生命情感。

由此可见，影响一个人快乐的，有时并不是困境和磨难，而是一个人的心态。如果把自己浸泡在积极、乐观、向上的心态中，快乐必然会占据你的每一天。

三、喉部发音控制要领

喉部是靠一些肌肉韧带组成的一个可动性的结构，喉由软骨作支架，由关节和韧带连在一起，由喉部肌肉负责运动而组成。上接咽部，下连气管。上部略成三角形，下部略成圆形，前面比较突出的部分是喉结，它位于颈的中前部。喉部的支撑架构由十一块软骨组成，其中最主要的是甲状软骨、环状软骨、杓状软骨、会厌软骨。软骨之间利用各种膜及韧带相连接，再加上复杂的肌肉与黏膜，构成了复杂精细且能够活动的喉部结构。

1. 认清条件，准确定位

由于各人的生理条件不同，声带的长短、宽窄、厚薄、闭合的状态及人的共鸣腔体长短大小也不同，所发出的声音音色、音质、音量、音域也就有着各自不同的特色。人们总是习惯于把自己喜欢的声音当作唯一正确的声音来加以追求，而不顾自己的客观条件，这就使声音音色追求带有很强的主观色彩，对自己条件认识错误轻者使声音进展缓慢，严重者则损害嗓子。在分析自己先天条件时要抱着客观理性的态度，不轻易模仿他人。

2. 高低适中，虚实结合

日常生活中我们听到有的人说话声音音高较高，有的人说话音高较低，这是人们在语言用声中习惯不同导致音高上的差异，说话习惯较好的人一般用声音音高最自然的中间部分，即中声区。中声区不是一个绝对值，而是因人而异的。中声区声音没有紧张感，听感舒服放松。

播音用声音色以实声为主，虚实相间，音色柔和而结实，声带张弛适度。实际发音中容易存在用声偏实或偏虚的问题。用声偏实声带闭合过于紧张，声音明亮而缺少变化，用声偏虚声音暗淡无力。虚实相间的音色结实又不过分明亮，柔和又不显得虚空。

3. 相对放松，相对稳定

播音发声的时候，两条声带不是紧密闭合，而是轻松靠拢。从感觉上来讲，喉部是放松的。在这种情况下喉部肌肉能够自如灵活的运动，放松的感觉是喉部发音的基本感觉。只有在放松的状态下，声带才能自如振动。

喉头位置相对稳定，是指发声时的喉头始终处于自然、自如、颈部肌肉放松、易于发出优美声音的稳定状态。在一定范围内，喉头偏高，高频泛音增加，音色脆亮；喉头偏低，低频泛音增加，音色偏低。喉头相对稳定，就是在不论什么样的音高变化情况下，喉头的位置保持相对的稳定。

4. 两头配合，释放中间

口腔控制的配合非常重要。喉部发出声音，口腔节制形成不同的语音。口腔中吐字集中有力，有利于喉部肌肉的放松，如果吐字松散，喉部难免用力。在发音过程中"抓两头，放中间"，就是注重呼吸与吐字，为喉部发音创造良好放松的环境。

音色变化训练

（1）基础练习

单元音、词语音色变化对比：

a（实声）——a（虚实声）——a（虚声）

o（实声）——o（虚实声）——o（虚声）

e（实声）——e（虚实声）——e（虚声）

i（实声）——i（虚实声）——i（虚声）

ai（实声）——ai（虚实声）——ai（虚声）

ei（实声）——ei（虚实声）——ei（虚声）

大海（实声）——大海（虚实声）——大海（虚声）

野花（实声）——野花（虚实声）——野花（虚声）

白云（实声）——白云（虚实声）——白云（虚声）

太阳（实声）——太阳（虚实声）——太阳（虚声）

（2）练习材料

望庐山瀑布

（李　白）

日照　香炉　生　紫烟，遥看　瀑布　挂　前川。
（实虚—虚—实—虚）　　（虚实—实—虚—实）
飞流　直下　三　千尺，疑是　银河　落　九天。
（实虚—虚—实—虚）　　（虚实—实—虚—实）
分别用实声、虚声、虚实声三种音色播读：

春夜喜雨

杜　甫

好雨知时节，当春乃发生。随风潜入夜，润物细无声。
野径云俱黑，江船火独明。晓看红湿处，花重锦官城。
选择适当音色朗读下列段落：
不管你是否准备好，有一天一切都会结束。不再有旭日东升，不再有灿烂白昼，不再有一分一秒的光阴。你收藏的一切，不论是你弥足珍贵的还是你已经忘记的，都将留给别人。你的财富、名望和权力都将变成细枝末节的事情，不管你拥有的还是别人亏欠的，都不再重要。你的嫉恨、冤仇、挫败和嫉妒之心终将消失。同样，你的希望、雄心、计划和未竟之事都将终止。曾经无比重要的成败得失也将褪色。你来自哪里，用什么样的方式生活都不重要了。重要的不是你所得到的，而是你所付出的。重要的不是你的成功，而是你的价值。重要的不是所学到的，而是你所传授的。重要的是你的每一次正直、怜悯、勇敢和牺牲之行为能够使人充实，让人强大或能够激励他人，让他们以你为榜样。重要的不是你的能力，而是你的性格。重要的不是你认识多少人，而是在你离开时，有多少人感到这是永久的损失。重要的不是你的记忆，而是爱你的人的记忆。重要的不是你为人所怀念的时间有多长，重要的是谁在怀念你，重要的是他们为什么怀念你。让我们的一生不是因为偶然而变得重要，不是因为环境而变得重要。而是我们自己的选择，选择让自己的生命有意义。

那是力争上游的一种树，笔直的干，笔直的枝。它的干通常是丈把高，像加过人工似的，一丈以内绝无旁枝。它所有的丫枝一律向上，而且紧紧靠拢，也像加过人工似的，成为一束，绝不旁逸斜出。它的宽大的叶子也是片片向上，几乎没有斜生的，更不用说倒垂了。它的皮光滑而有银色的晕圈，微微泛出淡青色。这是虽在北方风雪的压迫下却保持着倔强挺立的一种树。哪怕只有碗那样粗细，它却努力向上发展，高到丈许，两丈，参天耸立，不折不挠，对抗着西北风。

细雨绵柔的夜晚，总是喜欢沉浸在恍若有你的世界里。虽然立冬已有些日子了，可此时窗外的雨好像是从尚远的春里悄然飘来，竟无丝毫的寒意与喧噪，暖暖的、如你！静静的，亦如你！如你一般，让人在原本薄凉的尘境中感到无比的温馨和惬意。

移步窗前，推窗迎睇，一颗思雨念你的心怎好辜负老天的这番美意？轻轻地，伸手去接，只见那落在掌心上的雨珠儿清莹秀澈，绝尘无染，更是如你！嗯，这雨啊，真真的如你，如你一般纯净可人又静谧温馨，美得让人喜之爱之、惜之怜之，唯恐一放手就会失之。只是，这握在掌心的雨，滴落在心中的你，在这孤寂难眠的夜晚荡起心湖的涟漪，层层叠叠，最将难息！

去年今夜，也曾雨落孤窗，也曾凭窗思望，也曾将你的温情与美丽轻拢于掌间心上。然，一双期盼的眼眸终又停留在有你的远方，你的那袭蓑衣终没能出现在我的窗外门旁，我继续在每一个落雨的夜晚痴痴地守望！

荷塘的四面，远远近近，高高低低都是树，而杨柳最多。这些树将一片荷塘重重围住；只在小路一旁，漏着几段空隙，像是特为月光留下的。树色一例是阴阴的，乍看像一团烟雾；但杨柳的丰姿，便在烟雾里也辨得出。树梢上隐隐约约的是一带远山，只有些大意罢了。树缝里也漏着一两点路灯光，没精打采的，是渴睡人的眼。这时候最热闹的，要数树上的蝉声与水里的蛙声；但热闹是它们的，我什么也没有。

一阵风把蜡烛吹灭了。月光照进窗子来，茅屋里的一切好像披上了银纱，显得格外清幽。贝多芬望了望站在他身旁的穷兄妹俩，借着清幽的月光，按起琴键来。皮鞋匠静静地听着。他好像面对着大海，月光正从水天相接的地方升起来。微波粼粼的海面上，霎时间洒满了银光。月亮越升越高，穿过一缕一缕轻纱似的微云。忽然，海面上刮起了大风，卷起了巨浪。被月光照得雪亮的浪花，一个连一个朝着岸边涌过来……皮鞋匠看看妹妹，月光正照在她那恬静的脸上，照着她睁得大大的眼睛，她仿佛也看到了，看到了她从来没有看到过的景象，在月光照耀下的波涛汹涌的大海。

四、共鸣器官及调节

1. 喉腔

喉腔上起自喉入口，下达环状软骨下缘并接气管。喉头可在一定幅度内上下运动，升高时，声道缩短，有利于高频泛音共鸣，下降时，声道拉长，有利于低频泛音共鸣。但喉头的运动易于形成喉部肌肉的紧张，使声

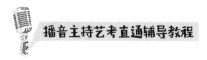

音变紧、变僵。播音发声中强调喉头的放松及位置相对稳定。

2. 咽腔

咽是一个上宽下窄、前后略扁的漏斗形肌管，上端附着于颅底，下端续于食管。播音发声中强调后咽壁在发声中的积极、正直，脊柱的伸展可以带动附于其上咽后壁，使咽后壁保持正直，有利于声波的通过；发挥咽腔共鸣的作用同时强调软腭抬起的积极状态。

3. 口腔

口腔是发声中运动最灵活、复杂的腔体。在口腔器官的活动中，唇可做开合、圆展的动作，上下颌关节的开合可使口腔内的容积扩大和缩小，舌的形状变化可改变口腔容积并把口腔划分为若干小的腔体；软腭的抬起和放松同样可以改变口腔容积。

4. 鼻腔

鼻窦由于腔体很小，对高频声波共鸣作用明显，发声时在高音区会产生头面部的振动感。播音发声强调，首先要处理好鼻腔共鸣在区分鼻音与非鼻音区别意义上的作用。其次，鼻腔共鸣要适度，带有微量鼻腔共鸣可使音色柔和、华丽；鼻腔共鸣过度，会降低语音的清晰度，音色混浊，有堵、腻的感觉。

5. 胸腔共鸣

胸腔共鸣器官由气管、支气管、肺和胸廓组成。胸腔共鸣为由声带振动声波作用于气管、支气管中的空气柱而生成的感应性共鸣振动。如果呼吸太浅与相关呼吸肌的紧张都不易于产生胸腔空气的共振，科学的呼吸方式相关呼吸肌肉的协调放松都是胸腔共鸣产生的必要条件。胸腔共鸣为声音提供坚实的基础，使声音沉稳大气。

6. 播音共鸣特点

播音发声不可追求头腔共鸣，以免声音过于明亮、尖利、刺耳；也不可过多运用胸腔共鸣，避免声音过于低沉、混浊、闷塞、含混、压抑。播音发声的共鸣要求以口腔共鸣为主，以胸腔共鸣为基础，以及微量的鼻腔共鸣构成的声道共鸣方式。

（1）基础练习

口腔共鸣：发音时有翘唇习惯的人，音色大多较暗而且混浊。训练收紧双唇，使其贴近上下齿。

胸腔共鸣：胸部自然放松，用较低的声音发 ha 音，声音逐渐降低。

鼻腔共鸣：交替发口音 a 和鼻音 ma，a—ma—a—ma。发口音时软腭上挺，堵住鼻腔通路；发鼻音时，软腭下垂，打开鼻腔通路。

（2）练习材料

用适当的低音练习朗读《春晓》，体会胸腔共鸣：

春　晓

孟浩然

春眠不觉晓，处处闻啼鸟。

夜来风雨声，花落知多少。

气势雄伟、大气磅礴，朗诵时气息充沛，声音有力，共鸣浑厚：

长江之歌

你从雪山走来，春潮是你的丰采；

你向东海奔去，惊涛是你的气概。

你用甘甜的乳汁，哺育各族儿女。

你用健美的臂膀，挽起高山大海。

我们赞美长江，你是无穷的源泉。

我们依恋长江，你有母亲的情怀。

你从远古走来，巨浪荡涤着尘埃；

你向未来奔去，涛声回荡在天外。

你用纯洁的清流，灌溉花的国土。

你用磅礴的力量，推动新的时代。

我们赞美长江，你是无穷的源泉。

我们依恋长江，你有母亲的情怀……啊长江！

轻柔的声音，轻巧而有力的吐字，头腔高共鸣令声音有喜悦的亮色：

白 雪

像柳絮，像飞蝶，情绵绵，意切切，

我爱这人间最美的花朵，

白雪飘飘，飘飘白雪。

看她那晶莹的花瓣，铺满了天边的原野，

看她那轻盈的舞姿，催开了红梅的笑靥。

呵，白雪飘飘，飘飘白雪，

她赠给大地一片皎洁，

她撒向人间多少欢悦。

是她用纯真的爱情，

滋润着生命的绿叶，

是她把热烈的追求，

献给那美好的季节。

呵，白雪飘飘，飘飘白雪，

她带给人间多少向往，

她纵情欢呼新的岁月。

五、情声气的关系

"情"：播音员服务于播讲目的，由具体稿件或话题引发，并由有声语言表达出来，始终运动着的情感。它是我们进行播音创作的依托。

"声"：播音员依据稿件和话题，使用发声器官，运用播音技巧所发出的表达思想感情，包容大量信息，并通过电声设备进行传播，经过科学训练的，规范化、艺术化的有声语言。

"气"：在播音过程中，为使有声语言传情达意，播音员所控制自如使用胸腹联合式呼吸法所获得的发声动力。

"情"要取其高，"声"要取其中，"气"要取其深，以达到字正腔圆，清晰持久、刚柔自如、声情并茂的境地。"情"是内涵，是依托；"声"是形式，是载体；那么"气"是基础，是动力。由此我们可以得出结论：情是主导，是由思想感情状态的运动，指导着气息的运动，并且组织发声器官的协同动作，这样才发出表情达意的声音来。气随情动，声随情出，气生于情而融于声。

第二章

播音创作基础

创作基础揭示播音语言表达的内外部规律，研究播音创作从准备稿件到播出的基础性理论问题，是中国播音学的重要理论基础。

第一节　情景再现

文章作者用妙笔生花，我们用声音升华文字。文字变成声音不是简单的念出声音，而是经过一系列的准备、感受、酝酿，让自己的思想感情处于运动状态，再利用声音的多种表达方式，形成色彩丰富、变化自如的表达，如果内心的情感没有随着文字稿件充分感受，声音会显得干巴巴，或者呈现读书腔调。

情景再现的定义是播音员主持人以语言内容为依据展开再造想象，使稿件中的人物、事件、情节、场面、景物、情绪，在自己的脑海里不断浮现，形成连续的活动的画面，并不断引发相应的态度、感情，这个过程就是情景再现，这种方式就像是脑子里面"过电影"，让平面的文字变得立体了、鲜活了，让我们的感受变得很生动、很具体。

情景再现分为以下几个步骤：

第一步，理清头绪，脑海里连续活动的画面的展开。开头是什么？出场的人物是谁？有什么特点？接下来的变化如何发展？结果怎么样？要把握结构，明确先后顺序，把握画面的主次详略以及特点。

第二步，设身处地，就是通过想象，将自己置身于稿件描述的情境之中，缩短我们与稿件所述情景的时空距离和人物心理距离等，使我们迅速地投入到稿件所规定的情景中，获得现场感，感到"我就在"。

第三步，触景生情，是情景再现的核心。播读中特别强调内心积极的反应，掌握两点要求：一是反应积极，一触即发；二是以情为主，情景交融。做到一个具体的"景"的刺激，马上就能引起具体的"情"，又要完全符合稿件的要求。

第四步：现身说法，内心情感积累到一定程度时，就想把我亲眼所见、亲耳所闻、亲身所历、亲身所感的情况再现给受众，经过自己的消化吸收，加工制作，使听众产生某种情景的再现，从中受到感染。

以上四步并非界限分明，而是联系紧密，常常你中有我，我中有你。总之，是要让自己的思想情感运动起来。

情景再现是调动情感的方法，准备阶段可以对文字内容很细致地展开想象，甚至浮想联翩。真正在播读时，景物已经不清晰了，情感却更加饱满。在这个阶段，我们不必再细致地展开想象，只需让情景稍加显露，重要的是快速唤起我们准备稿件时的具体感受和触动心灵的那一点。

示例分析

母　爱

这是一个真实的故事。故事发生在西部一个极度缺水的沙漠地区。这里，每人每天的用水量严格限定为三斤。日常的饮用、洗漱、洗菜、洗衣，包括喂牲口，全都依赖这三斤珍贵的水，而这些水还得靠驻军从很远的地方运来。

人缺水不行，牲畜也一样。终于有一天，一头一直被人们认为憨厚的老牛挣脱了缰绳，闯到沙漠里运水车必经的公路旁。运水的车来了，老牛迅速冲上公路，司机紧急刹车，军车停了下来。老牛沉默着立在车前，任凭司机怎样呵斥驱赶，它就是不肯挪动半步。五分钟过去了，十分钟过去了，双方仍然僵持着。运水的战士以前也碰到过牲口拦路索水的情形，但它们都不像这头牛这般倔强。人和牛就这样对峙着，运水车不能前进。性急的司机试图点火驱赶，可老牛仍然一动不动。

后来，牛的主人来了，恼羞成怒的主人扬起长鞭，狠狠地抽打在瘦骨嶙峋的牛背上，牛被打得皮开肉绽，哀哀叫唤，但还是不肯让开……鲜血沁了出来，染红了鞭子。

老牛凄厉的叫声和着沙漠中阴冷的风，显得分外悲壮。一旁的运水战士哭了，司机也哭了。最后，运水的战士说："就让我违反一次规定吧，我愿接受一次处分。"他从水车上取出半盆水——三斤左右，放在牛的面前。

出人意料的是，老牛没有喝水，而是对着夕阳，仰头长哞，似乎在呼唤什么。不远处的沙堆背后跑来一头小牛。老牛慈爱地看着小牛贪婪地喝完水，伸出舌头舔舔小牛的眼睛，小牛也舔舔老牛的眼睛。静默中，人们看到了母子眼中的泪水。没等主人吆喝，在一片寂静中，它们就掉转头，慢慢往回走去。

第一步，理清头绪

《母爱》写的是在极度缺水的沙漠地区，一头瘦骨嶙峋的老牛，强行拦住运水的军车，但他并没有喝以死抗争得来的水。文章有三个层次，从当地缺水严重；老牛挡住了送水车的路，主人寻来，发现那头一直被人认为憨厚忠实的老牛在拦车索水，恼羞成怒，用长鞭狠狠地抽打；老牛把以死抗争得来的水给小牛喝三个方面讲述一份浓浓的母爱。三个层次有情有景，理清头绪后对文章的发生发展结尾就很清楚了。

第二步，设身处地

设想自己生活在缺水干旱的西部，这里每人每天的用水量严格限定为三斤。日常的饮用、洗漱、洗菜，包括喂牲口，全都依赖这三斤的水。这么一点点儿水却有这么多用途让人有点不可思议。三斤水，也就是三瓶矿泉水那么多，倒在脸盆里不过才半盆。联系自己日常的用水情况，可知缺水的严重程度了。

就在这样的环境里，你试着把文章演绎成电影。在一步步分解事件发生的过程。谁先出场做了什么，谁又出场，两者什么关系，出人意料的结尾中又出现了谁？你仿佛置身于故事发生的现场，真切体验了整个故事的气氛转换变化的节奏。

文章虽然短小，内涵却丰富，情节一波三折，老牛迅速冲上公路，司机紧急刹车，牛的主人来了，恼怒的主人扬起牛鞭狠狠地抽打瘦骨嶙峋的老牛，牛被打得哀哀叫唤，但是还是不肯让开。老牛慈爱地看着小牛，贪婪地喝完水伸出舌头舔舔小牛的眼睛，小牛也舔舔老牛的眼睛。文章没有华丽的词语，基本上近似白描的写作手法，更容易用日常生活的体验把握老牛和小牛的心理活动。

第三步，触景生情

不同的文章，让我们有不同的情感体验。有的文章让我们高兴到手舞足蹈，有的文章让我们感动到热泪盈眶，有的文章让我们忧郁到茶饭不思，这篇文章让我们有什么样的情感体验呢？读了之后，你高兴了吗？悲伤了吗？痛苦了吗？愤恨了吗？同情了吗？生气了吗？感动了吗？惊讶了吗？还是这些情感都没有。

决定播读水平高低恰恰体现在我们用什么样的感情色彩与态度将画面再现。在这篇文章中我们的感受是：西部缺水地区干裂的土地，没有绿色，我们同情生活在那里的人们。他们的生活不易，不能满足生活的基本需求。三斤水，是人类对水的最低要求，是生命之水，只能维持生命。老牛拦路索水以死抗争的细节，体现了老牛坚定的决心衬托了他的爱子心切。牛的主人狠狠地抽打与运水战士的哭，让人物定位清晰，主人的自律与战士的人文关怀色彩凸显。老牛慈爱地望着小牛将所有的水喝尽，进一步让人感受到母爱的无私与伟大。

第四步，现身说法

前三步的准备让我们从情感的角度出发，歌颂老牛这种无私的爱。从情感升华的角度去说，感谢所有母亲对孩子无怨无悔的付出，小爱上升到大爱，情感呼之欲出。随着脑海中情节的不断反复，我们把"过电影"变成有声语言的表达，听众跟着你的播讲一起进入到情节当中。

练习材料

材料1：想象再现春天欢乐而美丽的场景

小草偷偷地从土里钻出来，嫩嫩的，绿绿的。园子里，田野里，瞧去，一大片一大片满是的。坐着，躺着，打两个滚，踢几脚球，赛几趟跑，捉几回迷藏。风轻悄悄的，草软绵绵的。

桃树、杏树、梨树，你不让我，我不让你，都开满了花赶趟儿。红的像火，粉的像霞，白的像雪。花里带着甜味儿；闭了眼，树上仿佛已经满是桃儿、杏儿、梨儿。花下成千成百的蜜蜂嗡嗡地闹着，大小蝴蝶飞来飞去。野花遍地是：杂样儿，有名字的，没名字的，散在草丛里，像眼睛，像星星，还眨呀眨的。

材料2：想象再现一个安逸温暖小城的自得自在的情景

假若单单是有阳光，那也算不了出奇。请闭上眼睛想：一个老城，有山有水，全在天底下晒着阳光，暖和安适地睡着，只等春风来把它们唤醒，这是不是个理想的境界？小山整把济南围了个圈儿，只有北边缺着点口儿。这一圈小山在冬天特别可爱，好像是把济南放在一个小摇篮里，它们安静不动地低声地说："你们放心吧，这儿准保暖和。"真的，济南的人们在冬天是面上含笑的。他们一看那些小山，心中便觉得有了着落，有了依靠。他们由天上看到山上，便不知不觉地想起："明天也许就是春天了吧？这样的温暖，今天夜里山草也许就绿起来了吧？"就是这点幻想不能一时实现，他们也并不着急，因为有这样慈善的冬天，干啥还希望别的呢！

材料3：再现平凡生活中的人物形象

每天放学的时候，她走的是经过我们家的一条小路，带着一位比她小的男孩儿，可能是弟弟。小路边是一条清澈见底的小溪，两旁竹阴覆盖，我总是远远地跟在她后面。夏日的午后特别炎热，走到半路她会停下来，拿手帕在溪水里浸湿，为小男孩儿擦脸。我也在后面停下来，把肮脏手帕弄湿了擦脸，再一路远远地跟着她回家。后来我们家搬到镇上去了，过几年我也上了中学。有一天放学回家，在火车上，看见斜对面一位短头发、圆圆脸的女孩儿，一身素净的白衣黑裙。我想她一定不认识我了。火车很快到站了，我随着人群挤向门口，她也走近了，叫我的名字。这是她第一次和我说话。

材料4：想象特定环境中人物的心理和动作

雨，什么时候下了？我扭了扭酸痛的脖子，才发现，教室，早已剩我一人了。还好，我早已有先见之明，早晨带了一把伞，回家不必被雨淋了！我兴冲冲地跑下楼，撑开伞，我却愣住了，那竟是一把破伞！怎么撑都无法撑开，伞面还破了一个大洞。我气恼极了，直懊悔自己早晨没仔细检查一下就急急忙忙地冲出去上学了，太马虎了！可又有什么办法呢？望着倾盆而下的大雨，我急得直跺脚，旁边又没一个同学，要不就可以借他的"顺风伞"了，望着依然如故的大雨，心一横，牙一咬，立刻脱下外套披在头上，向家冲去。

材料5：想象一个没有月亮的中秋节

夜凉如水，小雨沙沙，这是一个无月的中秋节。中秋节，家家都要敬月光，祈祷家人幸福，来年五谷丰登。敬月光要备许多东西——子孙藕、"鸡头"、月光糕、月饼、各式水果、杂粮……每一样都有它美好的寓意。东西已经早早地备好了，可这雨像藕丝一样怎么也不停，云也没有散开的意思，看来今年拜月要"泡汤"了！但我还没有放弃月亮出来的一丝希望，硬是把供桌推上了阳台。虽然没有月亮，我们依然可以听见中秋晚会上的音乐，看见那高科技电子技术"P"成的"月亮"又圆又大又亮地挂在电视屏幕上，让我因为一直没有等到真月亮的心情稍稍有一点开心起来——这背景真是"巧夺天工"呀！

材料 6：还原再现亲人关爱我们的一幕幕场景

每当下雨时，她会为我递来一把雨伞；每当我饥饿的时候，她会为我送来一片面包；每当我生病的时候，她会为我买药、熬药；有时还专门把药递到我的嘴边，一勺一勺地喂我……

她就是我亲爱的、慈祥的奶奶。奶奶非常非常爱我，让我无法用有限的词汇来表达我对奶奶的这份感激。奶奶已经年逾古稀了，按理说她应该安度晚年，不用管下一代的事情了，可她却不能静养，时时刻刻照顾着我。

每天奶奶要在 7 点钟之前准时起床，为我准备早餐，把我的洗脸盆里放入开水，等我起来的时候水就温热了，洗起来会很舒服。奶奶还会给我把衣服、裤子、鞋都摆放得整整齐齐，方便我起床后很快穿好衣服。闹钟响了，我按下闹铃，搓搓眼睛，十分不情愿地起床，穿好衣服裤子。

材料 7：体会伤心绝望的离别场景

火车徐徐离开车站，我拖着疲惫的双脚，踉跄地向着车的方向移动。看着你离去，如晴天霹雳，我低头苦笑着，双眸，却瞬间刺痛，眼泪顺着脸颊流下来，我用力地抬起已迷蒙的头，望着你远去的方向，心碎了，一曲离歌，成了我孤守城市的炎凉。这一切来得太快，转瞬间就化作云烟，消失在千里之外，就像昨日的那场大雨，说下就飘泼四起。有人说：醉过方知酒浓，爱过方知情深。那夜，我喝了很多酒，借用酒精来蒙蔽疼痛，我知道缘起缘灭不能强求，如佛所言：一切由命来，一切由缘来。可是我多想与你日夜相依，深情款款，地久天长，只是这场急雨，成了杀伤的武器，在我的人生里，荡起刺骨的涟漪。

材料 8：大雨到来之前的情景

农历六月初十，一个阴云密布的傍晚，盛夏热闹纷繁的大地突然沉寂下来；连一些最爱叫唤的虫子也都悄没声响了，似乎处在一种急躁不安的等待中。地上没一丝风尘，河里的青蛙纷纷跳上岸，没命地向两岸的庄稼地和公路上蹦蹿着。天闷热得像一口大蒸笼，黑沉沉的乌云正从西边的老牛山那边铺过来。地平线上，已经有一些零碎而短促的闪电，但还没有打雷。只听见那低沉的、连续不断的嗡嗡声从远方的天空传来，带给人一种恐怖的信息——一场大雷雨就要到来了。

第二节　内　在　语

在我们播音创作中常常有这样的情况，一篇稿件，初始乍看，平平常常；深入揣摩，意味悠长。其中的内在含义往往与字面表达的意思不同，因为性别、性格、语言习惯的原因，局限于说话的场合、环境，以及说话双方的身份、地位或者出于得体礼貌和策略的需要，人们说话经常要委婉含蓄，不要那么直接。不仅如此，生活中的交谈还会出现话里有话、弦外之音的情况。这个过程是要动脑筋思考的，这就是这一讲我们所说的内在语，他是播音员主持人的心理活动，这为播音语言表达提供充实的内心依据。

播音的内在语是指那些文字语言所不便表露，不能表露，或者没有完全显露的语句关系和语句本质。语句关系是语句之间的逻辑关系，通过内在语的明确看他们是怎样衔接成一个整体的，搞清楚全篇语句之间、小层次之间、段落层之间的内在联系，使我们获得或并列、或递进、或因果、或转折、或分和等情况的逻辑感受，从而表明了文章上下衔接，前后照应的程序关系。接着以内在语的形式把我们理解感受到的逻辑关系显现和引发出来。这样运用内在语的衔接转化作用，可以帮助我们找到自然贴合的语气，造成一气呵成、浑然一体的效果，增强有声语言的活动。语句本质就是语句的内在含义，感情态度。揭示了语句的本质可以引发出贴切的语气，使有声语言深刻丰富，耐人寻味，对表达起深化含义的作用。

既然内在语没有在文字中明确地显示出来，就需要我们一定要努力发掘文字背后的、更深刻的含义及把握更鲜明的语句关系。明晰、准确的内在语会激活我们的有声语言，使我们自然真实地把稿件的话变成自己心里想说的话传达给受众。内在语并不在播音员的有声语言中出现，他是播音员的内心意念，使思维与感情处于运动状态。对有声语言的表达起着引发深化的作用。内在语的把握表现在两方面，一个是语句本质的差异，一个是语言链条的承接，先来看第一个语句本质的差异。

在一般的情况下，语言和内在的含义是一致的。但是有时语言和内在的含义是不一致的，语言表面上是这个意思，但考虑一下，发现实质上他是那个意思，而且两个意思还不一样，甚至是相反的。有声语言的创作是否正确恰当，被内在语制约着，不是简单地把文字转化为声音就大功告成了。在播音主持中，如果把内在语的意思播反了，立场、态度和观点就都变了。把语句的意思播反了，很大一部分原因是内在语弄错了，当然也有表达方式不得当的原因。

内在语还有一个重要的作用，即语言链条的承接。语言链条的承接是指语句、段落的前边或后边，运用内在语的转折、连接作用，造成一气呵成、浑然一体的效果。有如下作用：

（1）发语作用：在语句、段落之前，借助内在语把语句、段落播好。

据新华社电　昨天是西方母亲节。中华母亲节促进会会长、全国政协委员李汉秋表示，他已与45位全国政协委员联名吁请设置中华母亲节，日期将定在孟母生孟子之日，即每年的农历四月初二。李汉秋表示，今年中华母亲节（阳历 5 月 18 日），北京、天津、南京、福州等几十个城市的一些学校将率先开展起来。

这篇新闻导语如前加上内在语"中国现在时兴过'洋节'"，可以把播音员主持人的态度和消息的目的统一起来，告诉人们我们要维系中华文化血脉、培育中华民族精神，需要自己的中华母亲节。

（2）转换作用：由上一段、上一句到下一段、下一句，需要转换的时候可以借助内在语"过渡"。

示例是以上这篇新闻的主体，在导语与主体的转换之间，我们可以加上内在语"近年来，大家都已经知道有母亲节了"，能够起到承上启下的过渡作用。

针对为何要设置中华母亲节等相关问题，李汉秋等在吁请中作了详细的阐释。

（问题 1：为何设置中华母亲节？答：中华母亲代表不是洋妈妈。）

不同文化的母亲节形象都有不同的文化个性，流淌着自己民族文化的血液。当中华儿女吮吸母亲节的文化乳汁时，这位母亲代表却是洋妈妈，这样的事不宜再继续下去。我们要维系中华文化血脉、培育中华民族精神，需要自己的中华母亲节。

（问题 2：为何让孟母做代表？答：孟母形象具备五大优势。）

为何让孟母做形象代言，李汉秋等委员认为有五个方面的原因。一是孟母实有其人，不是传说人物。二是许多贤母只有一件事而且缺情节，而孟母事迹翔实而且丰富。三是时间较早，历代留有孟母遗迹瞻仰。四是孟母家喻户晓，知名度高，影响大。五是孟母教子成效大，孟轲成为我国古代的大思想家。

（问题 3：为何定在四月初二？答：孟母生孟子之日的标志。）

李汉秋等委员认为，仉氏生孟轲才成为孟母，因此孟母生孟子之日是标志。以孟母生孟子之日作中华母亲节，让每个人都欢度自己生日时都要感激母亲。

另一方面，孟子故事里邹国（今山东邹坡东南）世代相传在农历四月初二纪念孟子诞辰，形成民俗。

（3）回味作用：上文结束，不管漾开缓收，还是戛然而止，都会给人以语已尽、情尚存的印象。

新闻的结尾是：

另外，我国传统节日以及上岁数人的生日都以农历计，只要社会重视，即使以农历计的节日也不怕不好记。建议每年的日历在这天标出中华母亲节，这样就更不会遗忘了。

内在语是提倡过中华母亲节，尽管可能有农历计日的麻烦，也是可以解决的。新闻结束时这样的内在语"对不对"，体现了倡导设置中华母亲节的可行性。

那么拿到一篇稿件怎样挖掘它的内在语？可以从下述三个方面着手。

首先，通读稿件，确定播出目的。

其次，在稿件的大层次间体现了承接的特点和意图，主要体现在语句的衔接上。

最后，在每个具体的话句中深藏作者的态度和感情，看作者在文字的后面藏着什么意思。要着重把握态度、感情的分寸。

示例分析

妈妈喜欢吃鱼头

在我依稀记事的时候，家中很穷，一个月难得吃上一次鱼肉。每次吃鱼，妈妈先把鱼头夹在自己碗里，将鱼肚子上的肉夹下，极仔细地拣去很少的几根大刺，放在我碗里，其余的便是父亲的了。当我也吵着要吃鱼头时，她总是说："妈妈喜欢吃鱼头。"

我想，鱼头一定很好吃的。有一次父亲不在家，我趁妈妈盛饭之际，夹了一个，吃来吃去，觉得没鱼肚子上的肉好吃。

　　那年外婆从江北到我家，妈妈买了家乡很金贵的鲑鱼。吃饭时，妈妈把本属于我的那块鱼肚子上的肉，夹进了外婆的碗里。外婆说："你忘啦？妈妈最喜欢吃鱼头。"

　　外婆眯缝着眼，慢慢地挑去那几根大刺，放进我的碗里，并说："孩子，你吃。"

　　接着，外婆就夹起鱼头，用没牙的嘴，津津有味地嗍着，不时吐出一根根小刺。我一边吃着没刺的鱼肉，一边想："怎么妈妈的妈妈也喜欢吃鱼头？"29岁上，我成了家，另立门户。生活好了，我俩经常买些鱼肉之类的好菜。每次吃鱼，最后剩下的，总是几个无人问津的鱼头。

　　而立之年，喜得千金。转眼女儿也能自己吃饭了。有一次午餐，妻子夹了一块鱼肚子上的肉，极麻利地拣去大刺，放在女儿的碗里。自己却夹起了鱼头。女儿见状也吵着要吃鱼头。妻说：

　　"乖孩子，妈妈喜欢吃鱼头。"

　　谁知女儿说什么也不答应，非要吃不可。妻无奈，好不容易从鱼肋边挑出点没刺的肉来，可女儿吃了马上吐出，连说不好吃，从此再不要吃鱼头了。

　　打那以后，每逢吃鱼，妻便将鱼肚子上的肉夹给女儿，女儿总是很艰难地用汤匙切下鱼头，放进妈妈的碗里，很孝顺地说：

　　"妈妈，您吃鱼头。"

　　打那以后，我悟出了一个道理：

　　女人做了母亲，便喜欢吃鱼头了。

（陈运松《妈妈喜欢吃鱼头》，《散文》1991年5期）

　　文章平实生动，清新感人，三位不同的"母亲"却同样选择喜爱鱼头。作者从三个妈妈在吃鱼时都挑鱼头吃，把营养丰富的鱼肉留给自己的儿女吃，这么一件看似平常无奇的事，悟出了一个道理："女人做了母亲，便喜欢吃鱼头了。"含蓄地、情不自禁地高度赞扬了母性的伟大。

　　挖掘内在语的第一步是通读稿件，确定播出目的，本文的播出目的是通过播读这篇作品，倡导人们感恩母爱。母亲给予孩子的一切，是无法衡量的。

挖掘内在语的第二步是在语句的衔接处发现起承转合的特点和意图。从作者儿时"吵着要吃鱼头"到自己的女儿"也吵着要吃鱼头"，两个层次并列推进故事的发展。孩子们吃了鱼头的反应是得出相同的结论：一个是"吃来吃去，觉得没鱼肚子上的肉好吃"；一个是"女儿吃了马上吐出，连说不好吃，从此再不要吃鱼头了"。第五自然段是疑问的汇合点，"怎么妈妈的妈妈也喜欢吃鱼头？"作者在这里要表现出事实的真相，即鱼头不好吃。是血脉相连的母亲对儿女的浓浓疼爱才使得"女人做了母亲，便喜欢吃鱼头了"。

挖掘内在语的第三步是找到作者在文字的后面藏着的意思。着重把握态度、感情的分寸。像"鱼头"这样的故事，在母亲们身上该发生了多少呢？像"妈妈喜欢吃鱼头"这种美丽的谎言，母亲们又说过多少次呢？作者用一个"鱼头"写三代母亲，这是因为从"鱼头"上发现了他们家母亲们的共同点——伟大的、默默的、不显山露水的舐犊之情。与其说这些是作者家里三代母亲的共同点，不如说这是天下所有母亲们的共性。作者的态度是赞美歌颂母亲，感情真挚朴实。

练习材料

材料1：夏天的害虫让人讨厌，暗喻现实社会中的某些肮脏人，对社会和人类的伤害。

夏天近了，将有三虫：蚤，蚊，蝇。

假如有谁提出一个问题，问我三者之中，最爱什么，而且非爱一个不可，又不准像"青年必读书"那样的交白卷的。

我便只得回答道：跳蚤。

跳蚤的来吮血，虽然可恶，而一声不响地就是一口，何等直截爽快。蚊子便不然了，一针叮进皮肤，自然还可以算得有点彻底的，但当未叮之前，要哼哼地发一篇大议论，却使人觉得讨厌。如果所哼的是在说明人血应该给它充饥的理由，那可更其讨厌了，幸而我不懂。

......

苍蝇嗡嗡地闹了大半天，停下来也不过舐一点油汗，倘有伤痕或疮疖，自然更占一些便宜；无论怎么好的，美的，干净的东西，又总喜欢一律拉上一点蝇矢。但因为只舐一点油汗，只添一点腌臜，在麻木的人们还没有切肤之痛，所以也就将它放过了。中国人还不很知道它能够传播病菌，捕蝇运动大概不见得兴盛。它们的运命是长久的；还要更繁殖。

但它在好的，美的，干净的东西上拉了蝇矢之后，似乎还不至于欣欣然反过来嘲笑这东西的不洁：总要算还有一点道德的。

古今君子，每以禽兽斥人，殊不知便是昆虫，值得师法的地方也多着哪。

选自鲁迅《夏三虫》

材料2：鲁镇的格局很有象征意味，长衣、短衣象征不同身份阶层的人，但是孔乙己却处在尴尬的地位。

鲁镇的酒店的格局，是和别处不同的：都是当街一个曲尺形的大柜台，柜里面预备着热水，可以随时温酒。做工的人，傍午傍晚散了工，每每花四文铜钱，买一碗酒，这是二十多年前的事，现在每碗要涨到十文，靠柜外站着，热热的喝了休息；倘肯多花一文，便可以买一碟盐煮笋，或者茴香豆，做下酒物了，如果出到十几文，那就能买一样荤菜，但这些顾客，多是短衣帮，大抵没有这样阔绰。只有穿长衫的，才踱进店面隔壁的房子里，要酒要菜，慢慢地坐喝。

孔乙己是站着喝酒而穿长衫的唯一的人。他身材很高大；青白脸色，皱纹间时常夹些伤痕；一部乱蓬蓬的花白的胡子。穿的虽然是长衫，可是又脏又破，似乎十多年没有补，也没有洗。他对人说话，总是满口之乎者也，教人半懂不懂的。因为他姓孔，别人便从描红纸上的"上大人孔乙己"这半懂不懂的话里，替他取下一个绰号，叫作孔乙己。孔乙己一到店，所有喝酒的人便都看着他笑，有的叫道，"孔乙己，你脸上又添上新伤疤了！"他不回答，对柜里说，"温两碗酒，要一碟茴香豆。"便排出九文大钱。他们又故意的高声嚷道，"你一定又偷了人家的东西了！"孔乙己睁大眼睛说，"你怎么这样凭空污人清白……""什么清白？我前天亲眼见你偷了何家的书，吊着打。"孔乙己便涨红了脸，额上的青筋条条绽出，争辩道，"窃书不能算偷……窃书！读书人的事，能算偷么？"接连便是难懂的话，什么"君子固穷"，什么"者乎"之类，引得众人都哄笑起来：店内外充满了快活的空气。

选自鲁迅《孔乙己》

材料3：母亲对重病儿子小心翼翼的应对更显母爱的伟大。

那天我又独自坐在屋里，看着窗外的树叶"刷刷拉拉"地飘落。母亲进来了，挡在窗前："北海的菊花开了，我推着你去看看吧。"她憔悴的脸上现出央求般的神色。"什么时候？""你要是愿意，就明天？"她说。我的回答已经让她喜出望外了。"好吧，就明天。"我说。她高兴得一会坐下，一会站起："那就赶紧准备准备。""唉呀，烦不烦？几步路，有什么好准备的！"她也笑了，坐在我身边，絮絮叨叨地说着："看完菊花，咱们就去'仿膳'，你小时候最爱吃那儿的豌豆黄儿。还记得那回我带你去北海吗？你偏说那杨树花是毛毛虫，跑着，一脚踩扁一个……"她忽然不说了。对于"跑"和"踩"一类的字眼儿。她比我还敏感。她又悄悄地出去了。

她出去了，就再也没回来。

选自史铁生《秋天的怀念》

材料4：作者用朴实的语言娓娓道来，看似描述平凡生活的细节，实则表现作者对世俗生活的热爱和表达作者对于生活真谛的认识。

按照北京的老规矩，过农历的新年（春节），差不多在腊月的初旬就开头了。"腊七腊八，冻死寒鸦"，这是一年里最冷的时候。可是，到了严冬，不久便是春天，所以人们并不因为寒冷而减少过年与迎春的热情。在腊八那天，人家里，寺观里，都熬腊八粥。这种特制的粥是祭祖祭神的，可是细一想，它倒是农业社会的一种自傲的表现——这种粥是用所有的各种的米，各种的豆，与各种的干果（杏仁、核桃仁、瓜子、荔枝肉、莲子、花生米、葡萄干、菱角米……）熬成的。这不是粥，而是小型的农业展览会。

腊八这天还要泡腊八蒜。把蒜瓣在这天放到高醋里，封起来，为过年吃饺子用的。到年底，蒜泡得色如翡翠，而醋也有了些辣味，色味双美，使人要多吃几个饺子。在北京，过年时，家家吃饺子。

选自老舍《北京的春节》

第三节　对象感

开始学习之前，要问问青少年朋友们我们播音主持是给谁听？给谁看的？对了，我们是为听众观众服务的。既然不是给自己播读，就需要我们时时刻刻考虑受众在收听收看时的所思所想，有了这样的心理活动和思想准备，你在播读时会很有交流感，而非自言自语，自我欣赏，交流感是生活中你和朋友你一言我一语的交谈状态，你能够具体感知到对方的存在，但是播音员主持人大部分的工作时间是在演播室，这里没有交流对象，只有话筒或是摄像机，看不到受众，我们如何调动自己的思想感情呢？这需要大家有对象感。

所谓对象感，就是指播音员主持人必须设想和感觉到对象的存在和对象的反应，必须从感觉上意识到受众的心理、要求、愿望、情绪等，并由此调动自己的思想感情，使之处于运动状态从而更好地表情达意，传达稿件节目的精神实质。对象感可以使播音员主持人体现人文关怀表达丰富亲切。

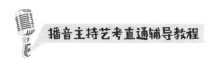

自然灭蚊法

咱们出去旅游的时候，一般酒店里都会有一些杀虫剂，一些电蚊香什么的，可有人不喜欢这个味道，有人不喜欢化学的杀虫的这些药品。今天小骞有主意要介绍给您，来听一下。

自然灭蚊法。自然的，完全是全生态，但是这个方法我要特别实在地说，我还没试过。但是据很多试过的人讲，非常的管用，因为北京现在还没有蚊子，我无从试嘛，那先跟大家讲，您可以试一试，假如真的有用的话，请告诉我们。方法简单极了，您就拿一个空瓶，装矿泉水儿的、可乐的、油的都行，然后是白糖。

蚊子跟我一样，我也喜欢吃甜食。

往里放上这个，甜一点儿吧，蚊子喜欢吃甜。

……

打开，然后放在床头，比如说蚊子出没比较频繁的地方，床头、写字台旁边、窗户根。据用过的人说，第二天早上就发现很多的蚊子已经毙命在这个瓶子里。

节目中，主持人并不是一上来就开始介绍自然灭蚊法的具体操作，而是有一个简短的开场白。这段话为内容铺垫了场景、人物，再接着介绍灭蚊法，就显得自然、亲切、顺理成章。当介绍到往瓶子里放糖时，主持人说"蚊子跟我一样，我也喜欢吃甜食"。这句话或许真的是许多观众的反应，只不过是通过主持人表达出来而已。

为了使对象感不笼统，具体生动，我们应该具体想象这样的稿件，这样的内容，这样的形式，这样的宣传目的，在今天，应该播给什么样的人听？哪些人最需要听？听到不同的地方会有什么不同的反应？听完了又会有什么反应？给什么样的人听最能增强我们的播讲愿望，最有利于达到播讲目的。这些设想是播音员主持人的内心活动，经过设想调动播讲的积极性，就达到我们的目的了。

那么如何获得对象感呢？我们通过下面的两篇新闻来说明。

新 闻 1

北京孩子阅读障碍率8%

中西儿童阅读教育交流与研讨会上专家指出：北京孩子阅读障碍率为8%。

中西儿童阅读教育交流与研讨会近日在北京师范大学英东学术会堂举行。此次活动由北京师范大学教育心理与心理健康研究所、美国伊利诺依大学阅读研究中心联合主办，北京迪科奕阳儿童阅读顾问有限公司承办。

与会专家提出，阅读能力的培养应该从小抓起，儿童期是阅读能力培养的关键时期。

……

新闻1是一则关于北京孩子阅读障碍的消息，从字面上看并没有特别指定的受众人群，要把握住对象感，我们必须具体设想。由于新闻针对的是儿童，我们不妨设想受众就是少年儿童，要把握住对象感，可以从以下几个方面着手：（1）对象感的"质"与"量"，质的方面是最根本的。量的方面是指：性别、年龄、职业、人数等有关对象的一般情况。质的方面是指：环境、气氛、心理、素养等有关对象的个性要求。（2）依据节目内容所反映的主题和目的设想对象，获得对象感。（3）我们所设想的对象应该稳定统一。（4）播音员主持人与所设想的对象之间的关系是平等的。（5）为了获得对象感，为了使设想的对象具体有依据，要尽可能多地熟知各种对象的情况，丰富生活体验。

中央电视台《新闻袋袋裤》节目是一档每天15分钟，以少年儿童的视角解读新闻、分析时事、提供全方面信息服务，以少年儿童为对象的儿童新闻栏目。新闻 2 也是该栏目播出的关于阅读障碍的一条消息，比较一下：

克服阅读障碍需要多动手

今天给大家带来的新闻，说的是一种很容易被人忽视、甚至我们很少听说的疾病——阅读障碍！北京的一所大学最近接到了一份特殊的请求：本校研究生一年级学生小珊请求学校延长她中文考试的时间，原因是她有阅读障碍。研究显示，英语国家学龄儿童的阅读障碍发生率为 10%~15%，2002 年北京大学心理学院对北京城区近万名学生进行的调查显示：城市学龄儿童阅读障碍发生率与英语国家接近。

......

以上的事例很典型很具体，但这并不是告诉大家对象感就是"谁在听，我就播给谁"，因为我们无法预测到真正的受众是谁。有对象感，就是说，任何时候我们都不要忘记，我们的播音是向人民群众进行宣传。我们的每一次播音、主持工作都有受众在专注地倾听。我们传播的内容是他们非常关心、急于知道的。因此，我们在备稿时，在播音主持中，都应该感觉到受众的存在，时时处处为他们着想，我们感觉到他们的确在听，在想，并且跟随我们播音内容的发展。随着播音员、主持人思想感情的变化，产生思想感情的共鸣。我们似乎感觉到了他们的喜悦、愤怒、悲伤、欢乐等各种反应。而这种反应，又引起了我们更强的播讲愿望，激发我们更饱满的感情，于是，对象感更强了。在我们的感觉上，似乎和受众之间已经建立起互相激励、互相鼓舞的无形的"默契"，甚至感觉到思想感情似乎有所"交流"。

材料1：给受众介绍名胜古迹

武侯祠大家都知道吗？这是很著名的三国历史遗迹，位于成都市武侯区，是全国影响最大的三国遗迹博物馆，享有"三国圣地"的美誉。今天，我们就给大家分享关于历史遗迹武侯祠的历史渊源，希望大家能够喜欢，我们要好好保护这些历史遗迹呢。

2003年12月，原成都市南郊园合并为武侯祠园林区。南郊公园原系民国时期四川省主席、抗战时期第七战区司令长官刘湘墓园。始建于1938年至1942年，400米的中轴线纵贯南北，石牌坊大门、三洞门、四方亭、荐馨堂、墓室等，是西南地区唯一一座北方陵园建筑群。在武侯祠的发展规划中，西区将打造成三国文化的传播体验中心。

材料2：和大家聊聊过年时的年货

明天就是大年三十，家家户户的厨房里、餐桌上、衣柜中，想必早已备好了各式各样的年货。年货是有味道的，这味道就是年味；年货是有记忆的，这记忆便是传承。然而，时至今日，年货早已超出了传统范畴，更多"高精尖""黑科技""私人定制"的"新年货"正在走入寻常百姓家，年货也实现了新的历史变迁。

年货的变迁，记录着人们生活的日新月异，也折射出经济社会的蓬勃发展。就在2017年，党的十九大胜利召开，开启了全面建设社会主义现代化国家新征程；这一年，我国国内生产总值迈上80万亿元人民币的台阶；这一年，又有1000多万农村贫困人口实现脱贫……春节前夕，本报记者分赴云南、黑龙江、安徽、湖北等地，走访刚刚脱贫的农户、打工返乡的农民工，还有普通的城市市民，了解他们的生活变化，倾听他们的年货故事，分享他们的幸福喜悦，也一起感受新时代的发展足音。

材料3：规避社会谣言类新闻

人民网北京 **2 月 13 日电（孝金波　王亚静）**　2018 年 2 月 12 日 18 时 31 分，在河北廊坊市永清县（北纬 39.37 度，东经 116.67 度）发生 4.3 级地震，震源深度 20 千米。地震发生不久后谣言四起，权威部门对此予以辟谣。

2 月 12 日，河北永清地震发生不久后，网上有消息称该县"9958 应急救援队接到通知，今晚 11 点 30 分有余震活动。"12 日 19 时 57 分，河北省廊坊市人民政府新闻办公室官方微博"廊坊发布"对此辟谣称，"纯属谣言，公安部门正在追查谣言的源头，请广大群众勿信勿传谣言，以权威发布为准。"

材料4：关于民生环保类新闻通报

本报记者邢飞龙北京报道　为落实《大气污染防治行动计划》和《京津冀及周边地区 2017—2018 年秋冬季大气污染综合治理攻坚行动方案》有关要求，近日，环境保护部向京津冀大气污染传输通道城市（以下简称"2+26"城市）相关省和城市人民政府发送《关于通报京津冀大气污染传输通道城市 2017 年 10 月至 2018 年 1 月环境空气质量有关情况的函》。

从改善幅度看，"2+26"城市 PM2.5 平均浓度均同比下降，27 个城市 PM2.5 平均浓度降幅满足改善目标进度要求。降幅排名前 3 位的城市为北京、石家庄和廊坊，同比分别下降 58.3%、52.4% 和 50.9%；济宁降幅最小，同比下降 8.4%，尚未达到改善目标进度要求。此通报还提出，据中国气象局国家气候中心、中国环境监测总站联合会商预测分析，2018 年 2 月大气环流呈明显的阶段性变化，前期以经向环流为主，污染物扩散条件较好，后期环流减弱，扩散条件转差，北方地区静稳天气发生概率将增大。请各地再接再厉，巩固深化污染防治措施，实施精准防控，积极应对重污染天气，确保完成大气污染综合治理攻坚行动目标。

第四节 停　　连

停连，是指在有声语言的流动过程中，声音的中断和延续。在有声语言的表达过程中，那些为表情达意的需要所创作的声音中断、休止就是停顿。停顿，是指人们朗读或说话时语音上的间歇。从生理上说，人朗读或说话时需要呼吸换气，需要有间歇。从语言架构上说，为了层次分明，表达清楚，也需要停顿与连接互相作用来实现；从内容表达上说，要让听者有时间领会内容，突出重要信息，同样需要停顿，反之，那些不中断不休止的地方（特别是有标点符号，而不中断不休止的地方），就叫连接。

逗号句号等是文字语言的标点符号，停连则是有声语言的标点符号。我们的停连以标点符号作为参考，并不是完全按照标点符号停顿。有声语言的原则是：标点符号，是确定停连关键。有这样一个笑话：相传一主人请客，客人给他一封信，"无鸡鸭也可无鱼肉也可一盘青菜不可"，于是主人就做了几盘不同的青菜，搞得客人很生气。由于客人和主人对信的理解的不同角度，而断句根据不同。客人的意思是无鸡，鸭也可，无鱼，肉也可，一盘青菜不可。主人却理解为无鸡鸭也可，无鱼肉也可，一盘青菜不可，两者的意思相反，闹出了笑话。所以，不是随随便便想停就停，想连就连的，现在具体看看如何确定停连的位置。

（一）如何确定停连的位置

1. 准确理解语句意思

例如："过路人等不得在此穿行"。

这句话正确理解为此处"不得穿行"，可以处理为过路人等，不得在此穿行。如果理解不正确，处理为过路人，等不得在此穿行，那意思就正好相反了。

2. 正确分析语句结构

例如：出门⌒走好路，出口⌒说好话，出手⌒做好事。

这是排比句式的结构，在每一个主语的后面设计停顿，加强气势，突出做人的日常行为。

3. 恰当体会情景神态

例如：

明月⌒几时有，

把酒⌒问青天，

不知天上宫阙，

今夕⌒是何年。

开篇"明月几时有"一句，通过向青天发问，把读者的思绪引向广阔太空的神仙眷侣世界。把酒问月，却对明月产生的疑问，对未知的天进行的探索，"问青天""是何年"之前的停顿，营造出皓月当空，作者感慨宇宙流转的意境氛围。

4. 合理处置标点符号

例如：我国▲是世界上最大的手机用户国。平均不到四人就有一部手机，⌒年发出短信数量，相当于世界上所有国家数量的总和。短信，⌒更新着国人的情感表达方式和娱乐方式，也带来与日俱增的烦恼，"灰色""黑色""黄色"垃圾短信肆虐，▲让人不胜其烦。

这句话虽然长，但是主旨很明确，即说明短信的利与弊，按照你对这句话的理解，根据主旨确定停连，合理处置标点符号，打破标点符号的束缚。

（二）停连的方式

1. 落停

在一个完整的意思讲完之后的语尾处用落停。

例1：法国民众期望，作为欧洲新生代领导人的代表，萨科齐能够凭借其丰富的经验、旺盛的精力和精干的作风，将法国带入一个全新的"变革年代"。

句号处用落停表示，"法国民众对新当选的法国总统萨科齐满怀期待"的意思的结束。

例2：想象你自己对困难做出的反应，不是逃避或绕开它们，而是面对他们，同它们打交道，一种进取的和智慧的方式，同它们奋斗。（马克斯威尔·马尔兹）

句号处用落停"表示应该如何面对困难"意思的结束。

2. 扬停

用在一个意思还没有说完，而中间又需要停顿的地方，或在句中无标点处。停顿时间较短，停时声停但气不停、意不断，停之前的声音或稍上扬或平拉开，停之后的声音或缓起或突起，做到停顿之后的意思完整。

例1：新北京方言里▲也许还留有一些其他方言带来的痕迹，比如现在北京人常说"耍大牌"，这个词▲就是从广州一带传来的。

例2：徒步鞋最好大一号。▲因为行走时间长了脚会肿胀，有的人指甲盖脱落，就是被鞋抵破的。

3. 直连

一般用于有标点符号，而内容又联系比较紧密的地方，它的特点是顺势连带，不露痕迹。

例1：你在进行河流考察时，都会带上大比例的军用地图，如五万分之一，三万分之一，万分之一等。

例2：现在电视气象节目中会报告紫外线指数。

4. 曲连

这种连接方式，似停非停，达到声连意断，环环向前的效果，适用于一句话或一段当中的连接，也用于没有标点符号而内容又需要有所区分的地方。

例1：通常语言学家根据汉语各方言之间的相互关系，将其划分为八个方言区，北方方言区（官话区），吴方言区，粤方言区，闽南方言区，闽北方言区，赣方言区，客家方言区，湘方言区。

例2：此外，很多家长营造的家庭氛围过于紧张，一切以高考为中心，反而进一步增加了孩子的心理压力。

由于每个人理解不同，示例分析仅供参考，而且有声语言当中的停连的位置和方式没有固定的硬性的规定，还需要具体分析，具体掌握。在综合练习示例中还提供了非典型的停连练习。初学者尤其要克服不敢停顿和该连不连的倾向，仅以标点符号作为停连的标准，是不可能体现出有声语言创作的生命力的。

朋友们，不妨用各种句式、各种感情色彩的片段文章做大量的练习。培养自己对语言的一种直觉和悟性，提高表达水平。

练习材料

材料1：

记者从国家旅游局获悉，昨日全国旅游接待总人数0.87亿人次，同比增长10.6%，旅游收入1107亿元，同比增长10.7%。春节假期前三天全国旅游接待总人数累计2.14亿人次，同比增长9.7%，旅游收入累计2582亿元，同比增长9.9%。昨日，居民探亲访友、中近程旅游、自驾游、亲子游开始攀升，迎来节后首轮出行小高峰，交通客流快速回升，全国铁路预计发送旅客将达到689万人次，环比上升八成。庙会、观影等文化消费热度不减。截至昨日下午4时，全国电影票房达8.14亿元。

材料2：

距离1995年徐悲鸿诞辰百年纪念展在中国美术馆举办23年之后，"民族与时代：徐悲鸿主题创作大展"再次登陆国家美术最高殿堂，历经多年修复的三幅主题性大幅油画《田横五百士》《徯我后》《愚公移山》首次完好齐聚亮相，同时展出围绕主题创作的大量画稿、速写，其中很多是首次展出，使我们看到难得一见的原作，让我们从更多细节真实地触摸徐悲鸿的艺术本身。为此，艺术中国特别邀请中国美术家协会美术理论委员会副主任、《美术》杂志社社长兼主编尚辉，中国美术馆研究与策划部负责人邵晓峰作客艺术沙龙，共谈徐悲鸿的艺术，还原一个全面而丰富的艺术家形象。

材料3：

在快节奏的当今社会，生活与工作压力大，心神劳累已成为人们生活的一种常态。倘若你能顺其自然，放下名利抛开心中杂念，每天留点时间读读书，喝喝茶，休闲观赏，自由自在地过简朴的生活，才是有远见的生活方式。简朴的生活，是真实的生活，更是一种境界，大道至简，它浓缩着精神的高度和人格的纯度。《论语》中讲："饭疏食饮水，曲肱而枕之，乐亦在中矣。"就是这样粗茶淡饭的生活，孔子乐在其中。这种简朴，是不为诱惑所干扰，是一种内心的宁静，回归内在的朴素和真实，是真正的富足。

材料4：

近日，一个充满上世纪80年代复古色调的视频走红网络。在视频中，一群穿着80年代服饰的成都居民在不同场景中演绎着不同的故事。这些场景，对新时代的人们来说，陌生又熟悉。在一个录像室门口，一位戴着红袖章的后勤大爷拽住一个小男孩，阻止他进录像室；在一个公共盥洗室里，一个小女孩在和哥哥玩水嬉闹，正在洗衣的母亲充满爱意地注视着他们；在一个房间里，一对新婚夫妇正在拍摄结婚照，女孩扎着两个麻花辫，男孩穿着老式米色衬衫，二人双双露出甜美的笑容。

发布视频的网友称，"成都有一群人，用3个月时间，把一个洗车场还原成80年代的平房大院。他们带着自己的孩子，穿上了旧衣服，按照80年代的样子，拍了一组80年代的照片。"这组照片在网络走红，引起一股追忆童年潮。有80后的网友称，照片很有怀旧情怀，让人"想起了小时候住的大院子"。90后出生的网友也在该帖下纷纷留言，"想到了奶奶家的缝纫机"，"觉得过去亲切又熟悉"。

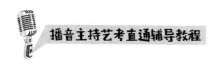

重　　音

重音是指在播音中，那些根据语句目的，思想感情需要而且强调的词或短语，如果在一句话里每个词都给予了强调，就是处处没有强调，所以重音的确定原则是少而精，以能否突出语言目的为首要标准，综合考虑逻辑关系和情感表达的需要。

例如：我喜欢。

尽管这句话只有三个字，但结合到不同的对话中，能够得出不同的重音，当回答，谁喜欢时，重音是"我"。当回答，对此你的态度是，回答则强调"喜欢"，有了重音的突出，能够非常明确地表达出语句的意思。

（一）重音的确定方法

1. 重音应该是突出语句目的的中心词

这类词是指那些在语句中占主导地位和最能解释语句本质意义的词或短语，它们是准确鲜明地传达语句目的的核心。

例如：每年6—9月间，开展文化市场的执法监督，要求对网吧的检查频度，县区级不得低于每周一次，地市级不得低于每月一次，省级不得低于两次。

重音表现为陈述事实的主要词语，这个语句是传达文化部对网吧的一项管理措施，陈述执法监督条例内容即执法监督，网吧，不得低于，每周一次，每月一次，两次。

例如：记者今天从国家林业局获悉，国家林业局开展"绿盾2号行动"，坚决打击乱砍滥伐滥占林地等违法行为。

重音表现为解释、说明、修饰等作用的主要词语。这句话突出了"绿盾2号行动"要打击什么内容的违法行为，交代行动名称，并给予解释说明，传达了语句目的。

例如：卫生部有防治乙型肝炎的规划，其中对于乙型肝炎提出三个目标，一个目标是到 2010 年，全国五岁以下的孩子以及肝炎表面抗体携带率下降到 1%，原来是多少呢？1995 年的时候是 9.7%，通过疫苗接种以后，2002 年调查，这个比例下降到了 3.1%。

重音表现为主要的数量词语，这个语句中的数量词反映了疫苗接种对于预防乙肝的好处，尤其是对比数字的强调，对于语句目的显露有直接关系。

2. 重音应该是体现逻辑关系的对应词

这类词是指那些具有转折、呼应、对比、并列、递进等作用的词语，它们是语句目的的实现过程中的重要逻辑线索。重音表现为线索性的重复出现的词语。

例如：母亲喜欢花，可自从我的腿瘫痪以后，她侍弄的那些花都死了。"不，我不去！"我狠命地捶打这两条可恨的腿，喊着，"我可活什么劲儿！"母亲扑过来抓住我的手，忍住哭声说："咱娘儿俩在一块儿，好好儿活，好好儿活……"

可我却一直都不知道，她的病已经到了那步田地。后来妹妹告诉我，她常常肝疼得整宿整宿翻来覆去地睡不了觉。

……

又是秋天，妹妹推着我去北海看了菊花。黄色的花淡雅，白色的花高洁，紫红色的花热烈而深沉，泼泼洒洒，秋风中正开得烂漫。我懂得母亲没有说完的话。妹妹也懂。我俩在一块儿，要好好儿活……

史铁生的文章《秋天的怀念》，先后两次重复出现"好好活儿"，起到了呼应作用，又引出了作者内心的感悟，对于母亲和自己的生命的理解有了重新的认识，使得全篇的逻辑关系自然而严密。

重音表现为相区别而不相重复的词语。

例如：与友分享欢乐者，无不欢乐倍增，与友分享哀伤者，无不悲伤减半。

尽管这句话无明显的关联词，但是内容是相关联的实质，这是并列句，强调友谊的重要。

3. 重音应该是表达感情色彩的关键词

这类词是指那些对显露丰富的感情色彩、情感神态和烘托气氛等起重要作用的比喻，象声以及其他形容词的词或词语，他们可以使特定语境中的语句目的生动形象地突出出来。

例如：壁炉里的火苗活像一只睡眼惺忪的大野兽，咕噜咕噜地哼哼着；炉膛里不停地向外释放出柔和的光和热。

例如：有只鸽子口渴得很难受，看见画板上画着一个水瓶，以为是真的。它立刻呼呼地猛飞过去，不料一头碰撞在画板上，折断了翅膀，摔在地上，被人轻易地捉住了。

（二）强调重音的方法

1. 强弱法

这是一种用声音的轻重高低变化来强调的方法。

例如：华中师范大学特聘教授陶宏开从 2004 年 9 月至 2006 年的两次全国调研中发现，网吧里 80% 左右是青少年，95% 以上都是在玩儿。

这句话中，我们可以用音调的变化强调人名"陶宏开"，突出陶宏开，是因为他曾经巡回 20 个城市，举办 80 场讲座，直接转化百余网瘾少年，与 200 家媒体互动，培养千余名志愿者，面对面听课者达到万人。用音高强调"80% 左右"和"95% 以上"，为了有变化与数字相对应的青少年和玩则用加重的方式强调，可显出问题的严重性。我们常说语重心长，加重的变化更容易让受众接受内容，尤其是青少年群体。

由于重音是在语句中比较出来的，强中见弱，高中显低也是强调重音有效的方法。

例如：没有听见房东家的声音，现在园子里非常静，那颗不知名的五瓣的白色小花仍然寂寞地开着。

2. 快慢法

这是一种用声音的急缓、长短、顿连等变化来强调重音的方法。

例如：堵车，车之洪流被堵住了，高处往低处望，北京城成了五彩缤纷的停车场。

用较缓的变化强调重音"堵车"和"停车场"比较出车辆的静止的相对于车辆流动的状态。声音的缓、长形象地表现了堵车时的无奈和作者的调侃。

当我从沉思中醒悟过来看远方的时候，小女孩和她妈妈的背影已经消失不见了。重音"醒悟"和"不见"用短促加快紧连的声音处理，在整个语句中选出符合人物内心情绪的变化及视觉的转换需要。

3. 虚实法

这是一种通过声音的虚实变化来强调重音的方法。

女孩黑黑的，头发稀少，大嘴巴，不漂亮，但乖巧得让人心疼。

作者用近乎白描的手法刻画女孩儿形象，实声处理显得真实可信，重音之一"心疼"是作者情感的流露，虚声的处理使这种油然而生的细腻情感得以体现。

大江东去，

浪淘尽，

千古风流人物。

苏轼的《念奴娇赤壁怀古》，开篇前三句，作者即景抒情，穿越古今，地跨万里，把汹涌的江水和历史人物联系起来，用较实的声音处理中重音"风流人物"，将读者带入历史的沉思之中，显得厚重而有历史感。

练习材料

材料1：

足足有一刻钟，这个灯光摇晃的土窑洞失去了任何生气，三个人都陷入难受和痛苦中。

这个打击对这个家庭来说显然是严重的，对于高加林来说，他高中毕业没有考上大学，已经受了很大的精神创伤。亏得这三年教书，他既不要参加繁重的体力劳动，又有时间继续学习，对他喜爱的文科深入钻研。他最近在地区报上已经发表过两三篇诗歌和散文，全是这段时间苦钻苦熬的结果。现在这一切都结束了，他将不得不像父亲一样开始自己的农民生涯。他虽然没有认真地在土地上劳动过，但他是农民的儿子，知道在这贫瘠的山区当个农民意味着什么，农民啊，他们那全部伟大的艰辛他都一清二楚！他虽然从来也没鄙视过任何一个农民，但他自己从来都没有当农民的精神准备！不必隐瞒，他十几年拼命读书，就是为了不像他父亲一样一辈子当土地的主人（或者按他的另一种说法是奴隶）。虽然这几年当民办教师，但这个职业对他来说还是充满希望的。几年以后，通过考试，他或许会转为正式的国家教师。到那时，他再努力，争取做他认为更好的工作。可是现在，他所抱有的幻想和希望彻底破灭了。此刻，他躺在这里，脸在被角下面痛苦地抽搐着，一只手狠狠地揪着自己的头发。

选自路遥《人生》

材料2：

13年里，我们的渔政人员失去的太多太多。一个美济礁，中国渔政南海总队170多个渔政人员轮流守护，不论春夏秋冬，不论严寒酷暑，至今每人守礁的平均天数超过1500天，有4人因为积劳成疾先后病逝，20多人亲人病故不能回家尽孝，100多人父母妻儿生病不能回家照顾，30多名青年小伙子错过了一段段美好的恋情……他们换来的是什么呢？是五星红旗在南海上空高高飘扬，是中国渔政的声威，是无数渔民的平安，是渔民送给他们的一面又一面的锦旗，是渔民对他们由衷的感激、深深的爱……

是什么让我们的渔政人员远离亲人，远离丰富多彩的都市生活，在遥远的天涯海角，经历常人难以忍受的苦痛和煎熬，而甘于寂寞，安于清贫？难道他们就没有半点私心杂念而动摇而想到退却吗？母亲慈爱的千叮咛万嘱咐，妻子幽怨担心的眼神，回到家两岁女儿陌生而又怯怯的神情，无时无刻不在脑海中印现，无时无刻不在胸中泛起激动的波涛。谁能无动于衷？

摘自《"南沙精神"礼赞》

材料 3：

真正的奇花异草通常只会生长在人迹罕至的地方。人工花园中栽培出的花朵已经与人有几分相似，它们已经失去了大部分自然和原始的风韵，多有几分矫揉造作，有些甚至就像那些浓妆艳抹的女子。人类文化艺术史上那些最卓越的天才以及他们的作品就犹如上述的奇花异草，而当代文人和艺术家所创作出来的时代文学和时尚艺术就如同人工花园里的花朵。要玩赏甚至拥有这些花朵是很容易的，你不需要什么努力，你甚至足不出户就可以，只要你在家里栽种上一盆花。但是如果你要欣赏那些几乎能够让你销魂的奇花异草，你就必须有勇气去穿越那片人迹罕至的荒漠，那片荒漠的名字叫作"孤独"。

选自张芳宇《单独中的洞见》

材料 4：

橘子红的时候是在秋末，这个时候的橘子好像一个个从绿荫里钻出来似的煞是好看，特别是绿绿的叶子衬配着，望着更加耀眼甜心。驼子公的橘园就在郝伢菜园地对头，好大一片，火红火红像吊灯笼似的让人看了都嘴馋。这段日子，走过路过的人都禁不住伸手摘几个尝尝，有的吃着水汪汪的鲜橘还塞不住嘴，边吞边从喉咙里挤出两个字来赞道："真甜！"这时，菜地那头的郝伢就接着笑道："甜就多吃两个吧。"尝橘子的人则俏皮地回他："又不是你家的，这么大方。"于是，尝橘子的人笑嘻嘻地走了，郝伢也笑着低头弄自己的菜。

小小说《橘子红了的日子》

材料 5：

春山老人只念过小学，文化程度不高不会使用手机。五年时间几个儿女在城里，也从来没有主动跟春山联系。老人没有别的本事，老伴去世后独自种着几亩地。靠着捡些破烂和种地生活，辛辛苦苦把儿女养育成人。

哪想到儿女都嫌农村穷，总是抱怨老人没有本事。兄妹三个人说别家日子过得好，人家生活好父母有本事。在儿女都长大成年之后，这才不愿意留在家乡。因为看见自己家庭生活的困难，所以儿女不顾父亲的挽留离家出走。

小小说《邻居》

语　气

　　生活中我们和别人交流常是心里怎么想的口中就怎么说，但是播音员主持人的语言要求准确鲜明生动，就需要经过一番琢磨，想一想这句话具体的语言环境、思想感情，用什么样的声音形式表达更合适。这就是语气的概念，即具体思想感情运动状态支配下语句的声音形式。感情是语气的"神"，是灵魂。具体的声音形式是语气的"形"，是躯体。感情决定声音的形式。理解了语气的概念，处理同样的一句话，试着用不同的语气表达，就会有不同的声音形式，比如"你好啊"这句话，在不同场合、环境、面对不同的人以及不同的情感支配下，会有不同的语气。第一种语气，当你在车站迎接到很久没见面的好朋友，你激动地迎上前，说："你好啊，好久不见"，声音是热烈喜悦的，气息饱满、高亢。

　　第二种语气，当你用斥责的口吻批评犯错误的弟弟，"你好啊，居然敢逃学！"声音是生气愤怒的，气息下沉，要注意的是，同样是愤怒的表达，这句话的愤怒带有"恨铁不成钢"的味道，而不是恶狠狠的势不两立。

　　第一种语气和第二种语气的截然相反，说明了语气色彩的不同，即语句的内在思想感情的积极运动的显露，它体现为创作主体声音与气息的变化，第二种语气在把握语气感情色彩"愤怒"的基础上，还区分了是非、爱憎的"度"，区分感情色彩不同的程度和不同的量级，并能使之付诸有声语言的表达，这就是语气的分量。正如我们青少年朋友追求个性的发展，我们播读的每句话也追求着属于自己的"个性"。

在积极运动的思想感情支配下，声音可以变化形式，形成属于"这句话"的个性表达：是赞扬、支持亲切、活泼，还是批评、反对、严肃郑重的；是喜悦、热爱、焦急，还是悲伤、憎恨、冷漠的。为了配合具体的思想感情，气息声音口腔状态的变化形成不同的声音形式。语气有变化，不仅显得我们的语言表达千变万化，还可以解决"读书腔""固定调"的不良习惯。

练习材料

材料 1：体会下列古诗词语句中的语气

示 儿
陆 游

死去原知万事空，但悲不见九州同。
王师北定中原日，家祭无忘告乃翁。

九月九日忆山东兄弟
王 维

独在异乡为异客，每逢佳节倍思亲。
遥知兄弟登高处，遍插茱萸少一人。

丑 奴 儿
辛弃疾

少年不知愁滋味，爱上层楼，爱上层楼，为赋新词强说愁。
而今尝尽愁滋味，欲说还休，欲说还休，却道天凉好个秋。

材料 2：体会喜悦期盼的语气

俗话说，"瑞雪兆丰年"。这个话有充分的科学根据，并不是一句迷信的成语。寒冬大雪，可以冻死一部分越冬的害虫；融化了的水渗进土层深处，又能供应庄稼生长的需要。我相信这一场十分及时的大雪，一定会促进明年春季作物，尤其是小麦的丰收。有经验的老农把雪比做是"麦子的棉被"。冬天"棉被"盖得越厚，明春麦子就长得越好，所以又有这样一句谚语："冬天麦盖三层被，来年枕着馒头睡。"我想，这就是人们为什么把及时的大雪称为"瑞雪"的道理吧。

材料 3：体会忧郁、忧伤的语气

燕子去了，有再来的时候；杨柳枯了，有再青的时候；桃花谢了，有再开的时候。但是，聪明的，你告诉我，我们的日子为什么一去不复返呢？——是有人偷了他们罢：那是谁？又藏在何处呢？是他们自己逃走了罢：现在又到了哪里呢？

我不知道他们给了我多少日子；但我的手确乎是渐渐空虚了。在默默地算着，八千多日子已经从我手中溜去；像针尖上一滴水滴在大海里，我的日子滴在时间的流里，没有声音，也没有影子。我不禁头涔涔而泪潸潸了。

材料 4：体会欢欣鼓舞，热情赞扬的语气

鞭炮声中，春天的脚步近了；祝酒歌里，奋斗的新一年开局了。让贫困地区的老百姓过上好日子，是我们的奋斗目标之一，也是习近平总书记心中永远的牵挂。十八大以来，总书记50多次赴基层考察调研，每逢春节都要看望慰问困难群众，几乎走遍了全国的集中连片特困地区。《新闻联播》推出系列报道《总书记的牵挂·一枝一叶总关情》，今天带您去总书记曾经到过的贫困地区，看一看精准扶贫带给当地生活的巨大变化，感受总书记的关切激发出的无穷活力。

正值隆冬，四川大凉山海拔2000多米的盘山公路上，车队蜿蜒前行，这是总书记连续第六个年头到基层看望困难群众。

材料 5：体会理性、富有哲理的语气

沈从文在"文革"期间，陷入了非人的境地。可他毫不在意，他在咸宁时给他的表侄、画家黄永玉写信说："这里的荷花真好，你若来……"身陷苦难却仍为荷花的盛开欣喜赞叹不已，这是一种趋于澄明的境界，一种旷达洒脱的胸襟，一种面临磨难坦荡从容的气度，一种对生活童子般的热爱和对美好事物无限向往的生命情感。

由此可见，影响一个人快乐的，有时并不是困境和磨难，而是一个人的心态。如果把自己浸泡在积极、乐观、向上的心态中，快乐必然会占据你的每一天。

材料 6：体会不同人物的语气

奶奶说："真看不出！它那么不一般，却怎么连墙也垒不成，台阶也垒不成呢？"

"它是太丑了。"天文学家说。

"真的，是太丑了。"

"可这正是它的美！"天文学家说，"它是以丑为美的。"

"以丑为美？"

"是的，丑到极处，便是美到极处。正因为它不是一般的顽石，当然不能去做墙，做台阶，不能去雕刻，捶布。它不是做这些玩意儿的，所以常常就遭到一般世俗的讥讽。"

奶奶脸红了，我也脸红了。

节　奏

青少年朋友们听歌曲时常常用快歌或慢歌形容一首歌曲，这个快慢指的是节奏，通常认为快乐的情绪用快的节奏，抒情的内容用慢的节奏。播音主持的有声语言表达也有节奏，在播音中节奏是由全篇稿件先发出来的，是播音员思想感情的波澜起伏所造成的抑扬顿挫，轻重缓急的声音形式的回环往复。

节奏，就是给这篇稿件的感情色彩进行声音包装，从声音形式的强弱，起伏，快慢，停连等方面给予变化，这个变化从全篇稿件来看，具有相对稳定的鲜明个性，这就是稿件的基本节奏不同于每一句的语气、节奏，是立足于稿件基调的声音形式的回环往复。

节奏一般分为六个类型。轻快型、凝重型、低沉型、高亢型、舒缓型、紧张型。

节奏类型的划分告诉我们要把握声音中的回环往复的规律性的变化，从而通过声音传达文章的感情色彩。这种规律性的变化集中体现为四对矛盾，运用抑扬、停连、轻重、快慢比较的方法，形成类似歌曲旋律的节奏。

运用节奏的方法一般有：欲扬先抑，欲抑先扬；欲停先连，欲连先停；欲轻先重，欲重先轻；欲快先慢，欲慢先快。

在实际运用中，四种方法交错重叠使用，只有综合使用，它们才能使情节更为灵活多样，四种方法的核心是加强对比，控纵有节。

示例分析

忆 江 南

白居易

江南好，

风景旧曾谙。

日出江花红胜火，

春来江水绿如蓝。

能不忆江南？

这首词的节奏为舒缓型，描绘江南春色。首句点明江南好，可用欲扬先抑的方法，突出江南春色，"好"字的上扬表达作者的赞颂之意与向往之情也尽寓其中。首句和末句呼应相照，"能不忆江南？"用欲扬先抑结合欲停先连的方式，营造一种悠远而深长的韵味，三四两句对江南之好进行形象化的演绎，多层次的对比方法能够突出渲染江花江水红绿相映的明艳色彩，给人以光彩夺目的强烈印象，可用欲重先轻，欲停先连，欲慢先快处理。

练习材料

（1）轻快型

多扬少抑，声轻不着力，语流中顿挫少，且顿挫时间短暂，语速较快，轻巧明丽，有一定的跳跃感，全篇重点处的基本语气、基本转换都比较轻快。例如：

春意阑珊，雨水稀缺，北京的春意迟迟暮暮。那些倔强的树木和花草还是顽强地生长出绿叶和花朵来。北京的春天来得迟，北京的花季特别短。但北京的花开的那样的精神和灿烂。似乎要把那些被耽误的春光浓缩在有限的时间开放。花的瓣和蕊一点儿也不软绵绵的，有一种久藏的浓香和璀璨。我看过昆明和广州的花市。那里的花色品种渐欲迷人眼花期也相当长。但花的叶瓣有些松散和倦慵，缺少北京花的力道。

（2）凝重型

多抑少扬，多重少轻。音强而着力，色彩多浓重。语势较平稳，顿挫较多，且时间较长，语速偏慢，重点处的基本语气、基本转换都显得分量较重。例如：

说来很奇怪，父母的离异引来的是别人的悲伤。他们总觉得我可怜，觉得我一定很伤心。邻居阿姨常常带我到她家去玩儿，去了，总拉着我的手说都是女孩儿，那男的破坏了我们幸福的家庭，我应该对他们不好赶走他们，这样我的父母也会和好。任凭我怎样的解释，他们都不信。有时候我甚至想或许我应该悲伤一下。

（3）低沉型

声音偏暗偏沉，语势呈落潮型，句尾落点处多线程中语速较缓。重点处的基本语气、基本转换多偏于沉缓。例如：

窗外的世界依然精彩，依然喧哗，依然热闹。天还蓝，太阳还灿烂，他们对于一个突然离去的人完全无动于衷，街上的人流五颜六色，他们大步流星地向前奔着，他们在奔钱奔命奔力奔一切可以抓到手的好东西，车流在鸣叫中涌动，无论是奔驰、宝马、桑塔纳、夏利还是"小面"，他们急赤白脸地向前冲着像是争先恐后地抢一张巨额的彩票。这时候我对众生突然产生一种莫名的悲鸣。

（4）高亢型

声音多明亮高亢。语势多为起潮类，峰峰相连，扬而更扬，势不可遏，语速偏快。重点处的基本语气、基本转换都带有昂扬积极的特点。例如：

当飞机起飞时，下面还是黑沉沉的深夜，上空却游动着一线微明，它如同一条狭窄的暗红色的长带，带子上面露出一片冷清的淡蓝色晨曦，晨曦上面高悬着一颗明亮的启明星。飞机不断向上飞翔，愈升愈高，也不知道穿过多少云层，远远抛开那黑沉沉的地面。飞机好像唯恐惊醒人们的安眠，马达声特别轻柔，两翼非常平稳，这时候那条红带却慢慢在扩大，像一片红云了，像一片红海了。暗红色的光发亮了，它向天穹上展开，把夜空愈抬愈远，而且把他们映红了。

（5）舒缓型

声音轻松明朗，略高但不着力，语势有跌宕，但多轻柔舒缓，语速徐缓，重点处基本语气、基本转换都显得舒展徐缓。例如：

假如让我重新做一次女孩，最重要的事情，我仍然要选择我现在的妈妈再做一次我的妈妈。我的妈妈和别人的妈妈不一样，别人妈妈操心孩子吃饭穿衣那些事情，她是马马虎虎的。可无论你对她说什么她都仔细听，帮你出主意，就像一个真正的朋友。有人说她有一颗童心，我觉得她倒是像一个女孩儿。所以和她在一起总是很轻松、很开心的。我认为一个家庭无论贫穷还是富裕，如果有一个好妈妈，天上的太阳就会永远微笑。

下　篇

播音主持高考艺考题型解析

第三章

自 备 稿 件

第一节　自备稿件选稿原则

一、选你喜欢的作品

　　招生考试中的一个重要环节是自备稿件的朗读，很多同学就犯愁了，当他们找到辅导班或者辅导老师的时候，首先问的问题就是自己应该选择什么样的稿件作为自己的自备稿件，这个问题就很让人费解了。辅导老师对于每个同学在刚刚认识的时候也不是很了解，特别是老师对于每个人的文学兴趣、性格特点以及表达特征等这些问题一般不会太熟悉，所以说提这些问题的同学要考虑调动自己的文学贮备、生活贮备，来完成专业的学习，而不是凡事依靠老师。如果你是一个朗诵爱好者，在大多数情况下，你很可能是一个文学爱好者，或者说也是一个热心时政、关注时事热点的人。这个时候，你擅长读什么，你喜欢读什么，在你业余爱好中就能体现出来。所以说选什么样的文章作为自备稿件，不是由老师来决定的，考生自己要心里有数。如果你参加了艺术培训，辅导老师可能会根据你的条件来帮助你选择。当老师在帮助你选择稿件的时候，你自己也要有很大的主观能动性，而不要被动地完全由别人来帮助你选择自备稿件。你朗诵表现的内容必须是你自己比较喜欢的内容，才能够读出文章的美感和效果。自己主动表达自己喜欢的文章作品，和被动接受别人给你安排作业、安排一个任务，两种感觉是完全不一样的。

二、选有感受的作品

很多同学看到有些文章辞藻华丽文辞优美，就决定选这样的文章作为自己的自备稿件。但是自己对所选的文章是否真的有感受，是不是真的能够打动自己，并且通过自己的表达去打动别人，这才是选择稿件最重要的理由。

在初选稿件时，由于考生还没有经过专业的训练，所以建议考生选择能够驾驭的情感体验。一篇文章之所以能够打动我们，是因为我们有相应的情感体验，相近的生活感受，或相通的人生感悟，这样的文章更容易让我们驾驭其情感与表达。当然作为一个青年人，一个中学生，对于所选稿件当中描写的自然景物、反映的生活体验，完全能够感受过体会过经历过那是根本不可能的，即使作为一个专业的播音员、专业的媒体人，也不可能体会到所有稿件所表现的内容。

对于生活经验的丰富感受也需要有一定的、专业的技巧来完成感受、体会和表达的过程。比如说写景的文章所描绘的景色，我们不可能像作家那样身临其境去感受景物，但是我们可以通过联想和想象，去连接生活中我们曾经经历过的景物来丰富我们的内心，帮助我们完成对景色的情景再现，从而辅助我们的表达过程。如果对文章所描绘的内容或情感，心里完全没有底，自己再怎么调动自己有限的经验还是对文章所表现的内容一知半解，难以感受到作者要表现的内容和情感，这时候想把文章表达好还是有一定困难的。只有当我们自己对所表达的内容有感同身受的感动，才可以通过自己的语言表达，把自己的这种感受、感觉、感动传递出来，使别人也能够感觉、感受到，并且产生感动。

三、选适合你的作品

目前即使作为一个专业的播音员或者主持人，也不可能驾驭所有的节目类型，驾驭所有的稿件形态。作为专业的语言艺术工作者，也都有自己所擅长的领域。比如有的语言艺术工作者擅长播新闻，有的语言艺术工作者就特别擅长文艺性的作品，有的配音员特别擅长专题或者广告，我们看到语言艺术在这个行业内部已经非常细分化了。

因此，建议同学一定要选择适合自己的稿件。什么叫适合自己的稿件呢？这个问题要从生理、心理、审美等几个层次去观察。通俗地讲，就是对于稿件立意理解深刻，内心感同身受，从生理技巧上表达运用游刃有余，审美上恰当和谐，不存在理解不到位的现象，不存在感受有偏差的现象，不存在生理条件配合吃力的现象。我们在考场上经常可以看到很多考生自身条件很好，但是却拿来一篇非常蹩脚的、不适合自己的稿件朗诵。问题是多方面的，比如有的是文章内容过于苦难深重，那种苦难已经超出了这个年龄段的孩子能够理解和承受的范围，使得朗诵者在朗诵中总是一副愁眉苦脸的样子，反而掩盖了自己青春的美感。还有的朗诵作品表现形式非常不恰当，用声的形式和样态也不符合朗诵者自身的生理条件，经常是声嘶力竭、筋疲力尽，整体的表达表现显得非常不和谐、不美，不但没有表现出考生自身的优势，反而把自己的缺陷放大了，这是很吃亏的事。

所以，在准备面试艺考的过程中，考生要特别善于发掘自己的优势，展现自己擅长的那一部分，做到扬长避短，把自己最美的表达方式展现出来，而不是相反。

四、选有立意的作品

选择稿件需要我们提高对文章的鉴别能力。不要认为，只要是印刷出来的文章，或者网上的文章，都值得我们去朗诵再创作。有很多文章不值得我们去选，比如有的文章辞藻非常优美，但是他的情感是虚假的；有的文章文字细腻，但是说了半天却不知所云；有的文章发一些莫名的感慨，莫名的忧伤，仅仅是做一种情感的宣泄；有的文章用词造作，甚至还有病句；有的文章的中心思想和宣扬的情感，都不是应该倡导的。凡此种种，都不应该在选择之列。

我们尽量去选择好的文章进行朗读，好的文章有立意，有内容，有层次，语言没有语病，情感真挚，不虚伪，不造作。好的文章有助于朗诵者感情的生发，有助于语言的真挚表达，在考场上容易打动人，说服人。

五、选好听悦耳的作品

所选的文章，最好是朗朗上口，悦耳动听。文章的用语用词不但适合读者视觉观看的需要，也要适合听众收听需要，适合听众听觉的美感。比如语言中有一些叠词的运用，押韵的词汇，排比句子的运用，还有一些开口音比较多的语句，比较适合我们大声地朗读出来，这样的文章也适合表现嗓音上的先天优势。

还有很多的文章写得很好，但是却不适合朗读出来。从视觉上看这个文章很好，但是当你朗读的时候却非常困难，非常拗口，或者用语非常生涩。这样的文章我们初学者和年轻人要尽量地避免朗诵创作。

六、选适合播音专业的作品

对于大多数考播音主持专业的学生来说，我们建议避免台词类的作品和表演元素过多的表现形式，应以真实的身份来进行一种自然的传达。作为播音系的老师看到你个人的真实的音色，这种真实的表达状况，语言的样态就会展现出来，这个时候你是占优势的。表演元素融入过多，语言的传达从身份感上就有一定的模拟性，往往不是表现自己，而是表现这个台词所表现的人物。从声音上就会产生一种表演性和模拟性。

当然选择台词来表达也有一定的例外，并不是说考播音专业的学生就不能选台词作品，如果这个台词你自身驾驭得非常熟练，并且这个台词作品非常适合你本人，身份感的认同同你本人非常的吻合，而不是具有过多的表演性和模拟性，也就是本色表演。这时的表演就非常的自然，流畅，同时把你的真实水平和真实的声音条件表现出来了。

第二节　选稿类型

一、诗歌

诗歌是一种文学体裁，是韵文的一种。诗歌以抒情的方式、丰富的想象、形象化的语言来反映社会生活，抒发作者的思想感情；运用词语高度凝练，具有一定的节奏韵律，句子分行排列。

在自备稿件环节，很多人选择诗歌。诗歌一般文辞优美，朗朗上口，但语言凝练，信息和情感负载量比较大，朗诵起来确实有一定难度。

（一）诗歌朗诵要点

1. 入情入境，确定基调

感受诗歌的意境，引发相应的思想感情，从而确立朗诵诗歌的总基调。基调是指全篇总的色彩和分量，是总体的思想感情和最基本的态度倾向，确立基调，就确立了诗歌总体情绪的调子，诗歌朗诵的具体声音形式和运用技巧不能脱离总体基调的制约。总体基调的确立尤其影响朗诵中音色的运用，浓淡、明暗、刚柔、高低等多种声音要素的变化，在总体基调的关照下变化。

2. 停连有致，节奏鲜明

语流中，在停顿与停顿之间，形成一定的语节，语节与音乐中的节拍相似，每一语节中的字数多，字的疏密度就小，反之，每一语节中的字数少，其疏密度就大。顿数指诗句中停顿的地方的多少。语节和语节之间通过适当拖音加顿息的方式连接，拖音时间和顿息时间根据语流和节奏速度可长可短。语节的划分一般按照每行字数和具体的语义内容来划分。

五言律诗每句可分作两个语节（"二、三"格式）来划分，亦可分作三个语节（"二、二、一"格式）来划分。

春眠/不觉晓/，处处/闻啼鸟/。夜来/风雨声/，花落/知多少/？

春眠/不觉/晓，处处/闻/啼鸟。夜来/风雨/声，花落/知/多少。

七言绝句，分为三个语节：七言诗每句可分作三个语节（"二、二、三"格式）来诵读。

渭城/朝雨/浥轻尘/，客舍/青青/柳色新/。劝君/更尽/一杯酒/，西出/阳关/无故人/。

亦可分作四个语节来诵读。

朝辞/白帝/彩云/间，千里/江陵/一日/还。两岸/猿声/啼不/住，轻舟/已过/万重/山。

3. 气息稳健，音韵夸张

古典诗词语言精练，形式规整。在朗诵时，力求气息稳健，规范庄重，不要使句子的气息支撑摇摆不定或使句尾下滑，否则都容易给人以轻飘、随意的感觉。胸腹联合所带来稳健的气息支撑是古典诗词朗诵的基础，丹田和两肋的抗衡使语句处在稳定的气息控制之中。如若气息浅薄或呼吸控制不好，声音质量单薄，语句起伏不定，都体现不出古典诗词的规范庄重与自然和谐的美感。

4. 重点突出，读出诗眼

诗眼是诗中的点睛传神之笔，表现为诗词句中最精练传神的某个字，或者是全篇最精彩和关键性的句子。古人在写诗歌的时候，十分重视字句的雕琢，"吟安一个字，捻断数茎须"，"两句三年得，一吟双泪流"，可见古人在炼字炼句上下的功夫。诗眼是一首诗的眼目，是最精彩的所在，也是诗人诗情凝结的结晶，在朗诵中也要"字斟句酌"，准确抓住诗句中的重点字句，读出诗眼、读活诗眼。一首诗的诗眼是一首诗的亮点，朗诵时读出诗眼，使朗诵重点突出，形象鲜活，思想鲜明。

5. 压住韵脚，余味深长

押韵是将相同韵母的字放到同一位置上，并且有规律地反复出现。韵脚指诗句末尾韵母相同的字。押韵是诗歌的重要特征之一，在中国古典诗歌中，押韵极为重要，它使诗歌形式和谐优美、朗朗上口。在朗诵时，不能忽视押韵的音节，要突出押韵音节，压住韵脚。朗诵时容易出现"藏韵"或者"跑韵"，就是在押韵的音节上，忽视音韵的夸张处理，草草带过。比如气息支撑不住，句尾下滑；音节归音不明确到位；押韵音节调值不够，等等，这些都容易出现"跑韵"。"显韵"即在朗诵时凸显押韵音节，压住韵脚，可以采取适当夸张处理的方法，拉开字腹，小腹在句尾微微支撑控制，余气托送，而不要没有控制导致语尾下滑，韵脚自然也就站不住脚。在"诗眼"和"韵脚"处，适当的夸张和字音的雕琢处理，在朗诵中如画龙点睛，会产生点染全篇的作用。

6. 规范庄重，不失变化

格律诗规则和形式都比较严格，全诗的字数、句数，每一句的字数都有较为严格的规定，语节、平仄以及押韵等规则都显得形式规整。词深受律诗影响，但词的形式比较自由，句式长短不一、参差不齐，在长期发展中逐渐形成自己的格式和词牌。这样的形式对朗诵提出了一定的规范性要求，气息稳健、吐字规范、节奏鲜明，如果为追求朗诵个性，但句式飘忽不定，随意停顿连接，气息控制薄弱，吐字轻佻含混，就破坏了古典诗词的庄重规范、含蓄典雅的美感。所以，规范庄重是首要的要求。但如果读起来四平八稳、缺乏多样鲜活的变化，容易扼杀诗歌所表现的鲜活的感动、细腻的情致和诗人自身的澎湃的激情。因此，在规范庄重的基础上，避免千篇一律的朗诵，而是要根据诗歌的情感内容使语流灵活变化，在音高、音强、音长、音色、语速、语调、语势等多方面做调整，力求鲜活、生动的表现，凸显诗人鲜活个性和朗诵者再创作的主动性。

7. 文思通畅，一气呵成

诗歌的抒情性特点和古典诗词语言的凝练性，使它在有限的语言内凝聚更多更丰富的内容，这样诗行中有大量的转换、跳跃和留白，从表面上看，有时候句子和句子之间联系不是很紧密，甚至松散，景物画面之间的转换没有词语的过渡。朗诵时要从整体上把握诗歌意境和思想情感脉络，在看似规范齐整、单摆浮搁、极富跳跃性的诗句中，读出诗句之间的内在关系，语气完整连贯，以诗歌的情感线索贯穿各种情景和意象，化跳跃为连贯，化松散为流畅，做到文思通畅、一气呵成。

练习材料

材料1

念奴娇·赤壁怀古

苏 轼

大江东去，浪淘尽，千古风流人物。

故垒西边，人道是：三国周郎赤壁。

乱石穿空，惊涛拍岸，卷起千堆雪。

江山如画，一时多少豪杰。

遥想公瑾当年，小乔初嫁了，雄姿英发。

羽扇纶巾，谈笑间，樯橹灰飞烟灭。

故国神游，多情应笑我，早生华发。

人生如梦，一尊还酹江月。

朗诵提示：

此乃苏轼被谪黄州时，游赤壁而作。写景抒情，充满对人生的感慨。

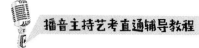

朗诵创作过程中在心理上体会作者的人生处境和人生境界，在声音运用上气息充沛，吐字有力，声音坚实雄浑。注意上阕写景与下阕"遥想"在音色运用上的细微差别。

材料2：

江城子·密州出猎

苏 轼

老夫聊发少年狂，左牵黄，右擎苍。

锦帽貂裘，千骑卷平冈。

为报倾城随太守，亲射虎，看孙郎。

酒酣胸胆尚开张，鬓微霜，又何妨？

持节云中，何日遣冯唐？

会挽雕弓如满月，西北望，射天狼。

朗诵提示：

作品写的是居官闲猎，上阕打猎，下阕抒怀，却表现了词人之伟大的爱国情怀。朗诵时注意打猎的气氛营造与当时作者心情的表现。朗诵者创作中也应心胸开阔，胸中充满豪迈之气，在声音运用上刚健有力收放自如。

材料3：

江城子·乙卯正月二十日夜记梦

苏 轼

十年生死两茫茫，

不思量，自难忘。

千里孤坟，无处话凄凉。

纵使相逢应不识，

尘满面，鬓如霜。

夜来幽梦忽还乡，

小轩窗，正梳妆。

相顾无言，唯有泪千行。

料得年年肠断处，

明月夜，短松冈。

朗诵提示：

一首怀念亡妻王弗的词，感情浓烈真挚。上阕描写一种思念亡妻的悲痛心情，音色沧桑沉重；下阕描写梦境中遇到亲人，音色有明快、轻柔的变化，在结尾处又回到现实，音色变得较为坚实。

材料4：

蝶恋花·春景

苏 轼

花褪残红青杏小。

燕子飞时，绿水人家绕。

枝上柳绵吹又少，

天涯何处无芳草！

墙里秋千墙外道。

墙外行人，墙里佳人笑。

笑渐不闻声渐悄，

多情却被无情恼。

朗诵提示：

上阕写春天的景色。下阕描写了一种情境，很有情趣。全词寓情于景，蕴藉有味。朗诵中声音明朗而柔和，虚实相间。吐字清晰而巧妙，注意字音的刻画。由于是生活中小情景的描写，在气息和口腔运用上讲求细节，力求细腻而精巧，不像雄浑的诗歌从总体上追求一种气势。

材料 5：

如 梦 令

李清照

常记溪亭日暮，
沉醉不知归路。
兴尽晚回舟，
误入藕花深处。
争渡，争渡，
惊起一滩鸥鹭。

朗诵提示：

诗人追忆年少青春时的生活情景。回忆中的场景，主人公天真、欢乐、无忧无虑，尽情感受自然的美感和生命的活力。朗诵中感情投入，情绪连贯，要读出诗中的陶醉感。注意中高音共鸣及口腔和鼻腔的调节和运用增加欢快和明快的音色。

材料 6：

将 进 酒

李 白

君不见，黄河之水天上来，奔流到海不复回。
君不见，高堂明镜悲白发，朝如青丝暮成雪。

人生得意须尽欢，莫使金樽空对月。

天生我材必有用，千金散尽还复来。

烹羊宰牛且为乐，会须一饮三百杯。

岑夫子，丹丘生，将进酒，杯莫停。

与君歌一曲，请君为我倾耳听。

钟鼓馔玉不足贵，但愿长醉不复醒。

古来圣贤皆寂寞，惟有饮者留其名。

陈王昔时宴平乐，斗酒十千恣欢谑。

主人何为言少钱，径须沽取对君酌。

五花马，千金裘，呼儿将出换美酒，

与尔同销万古愁。

朗诵提示：

李白的名篇表现人生如黄河之水奔流入海一去不复返，全诗气象不凡，大起大落，气势奔放，语言豪迈，表现出放纵不羁的性格与文风。朗诵时注意情感的张力与声音的力度，在狂放基调下不乏沉着。注意声音和气息的较强控制与较大幅度的变化。

（二）自由诗的朗诵要点

自由诗又称新诗，这是相对旧体诗而言的。自由诗结构自由，从形式上冲破了旧体诗词格律的束缚，摆脱了传统的羁绊，段数、行数、字数没有一定规格，诗歌的音乐性特征削弱，它采用现代口语相接近的白话，强调情感的自然流露，让思想意识自由发挥，最大特点是自由随意，没有固定章法，更适合表现现当代人的复杂多变的生存处境和激荡多变的思想感情。自由诗的语言形式完全依诗的内容和思想情感而变化，表现出字数不定、语节不定、平仄不定、甚至韵脚不定，形成长短不一，参差错落的语句样式的特点。自由诗依据其表现内容和创作手法大体可分为：抒情诗、叙事诗、哲理诗、朦胧诗和爱情诗等。自由诗朗诵要点：

1. 考察时代，了解处境

朗诵自由诗，首先要考察诗歌产生的时代背景、文化环境以及诗人在创作这首诗歌时自身的处境。自由诗是特定历史时期诗人的特定生存状态和精神状态的产物。由于自由诗产生在特定的历史和现实环境当中，当接触到一首自由诗时，首先要了解它所产生的历史时代和诗人的生存处境，才能弄清诗人要表达的具体的思想内容和蕴含的鲜活的情感。了解处境，朗诵者要考虑到诗人创作诗歌的大的背景和小的个人处境，要对诗作产生的具体环境有深入细致的探究和体察，对诗作产生的时代、时间、地域环境、人物、场景做还原和体验。

2. 深入心灵，把握个性

"文如其人""一个作家的风格是他内心生活的准确标志。"（歌德）把握一首诗歌作品，一定要深入到诗人的性情品质、人格状态当中去，才可能对作品有正确恰当的判断和深切实质的感受。例如在戴望舒的身上，还带有一种不沾染世俗的"纯净"和超越尘世之外的"超拔"，这在中国诗人身上是少见的，在他的诗歌《乐园鸟》中，就体现了这种气质，只有把握诗人这种"超凡脱俗"的气质和"渴望彼岸"的情怀才能朗诵好这首诗。再如，朗诵北岛的诗，要把握北岛的性格特点和个性气质。北岛早期的诗歌，冷峻、庄严，对现实带有强烈的怀疑和批判精神，他笔下的意象，如石头、荒草、海浪等，无一不是冰冷的。这和当时的时代背景以及诗人性格特质有很大关系。

3. 深入作品，感同身受

深入作品，进入诗作的境界，感受并体现作品魅力。诗人创作诗歌，真挚的情感灌注其中，打动人心；深邃的哲思渗透，发人深省；鲜活的形象栩栩如生，呼之欲出。朗诵者拿到作品，要深入作品，感受其传达的情感，思考其蕴含的思想，还原其创造的鲜活形象。所谓"登山则情满于山，观海则意溢于海。"朗诵者感情和诗人同悲欢，心理节奏与诗作同进退。

4. 情感主导，情理并重

朗诵者对一篇诗作的主题立意、写作目的、构思设想、结构层次等理性成分的把握同样重要。立意和主题思想是诗的统帅和灵魂，诗作的材料组织、谋篇布局以及语言运用都是在主题立意的统帅下进行的。没有立意和主题，诗歌运用的各种意象、思想就没有灵魂的主旨，就会盲目。自由诗形式自由随意，想象丰富，朗诵者明确诗歌理性成分，对把握诗歌总体风格、语言方式有重要的影响。在朗诵自由诗的创作过程中，要注意思想与情感，理性与感性，逻辑与形象，它们相互之间密不可分。只有思想没有激情的朗诵，是干枯的树枝，是没有血肉的骨骼，只有激情没有理性反思的朗诵，是没有堤坝的情感洪流，是漫无边际的随意感受。在不同种类和不同风格的诗歌朗诵当中，有时感性因素多，有时理性因素多，但感性和理性，思想和情感始终是相依相存，密不可分的。

5. 运用技巧，收放自如

自由诗因为字数不定、语节不定、平仄不定，甚至韵脚不定，但有节奏，大致押韵，把握节奏，重视诗味就更显重要。节奏在诗歌朗诵中占有非常重要的地位。节奏给诗歌注入活力，注入生命与变化，是诗歌音乐美的重要组成部分。自由诗没有固定的格式，节奏较为复杂而富有弹性，变化多样而自然流畅，较为接近现代人的日常口语，是诗人思想感情脉动变化的一种外在表现形式。节奏是在一定的思想感情起伏的支配下，呈现出的抑扬顿挫、轻重缓急的语言形式的循环往复，节奏一般分为轻快型、舒缓型、高亢型、凝重型、紧张型、低沉型。在朗诵时注意诗的主节奏与具体语句节奏的关系，诗的主节奏是针对表达整体而言，与作品全篇的基调相联系，具体语句的节奏型的变化由诗句的意义和语法规律来确定，自由灵活、变化多样。

语气，是语句的感情色彩和分量支配下的具体的声音形式，语气把具体语言的思想感情、态度倾向与语言的语音形式、声音形象统一起来，形成语言表达形神兼备的高度统一。诗歌的语言具有高度的凝练性、跳跃性、含蓄性甚至模糊多意性，这就要求朗诵者内心对语言的思想感情有较为具体鲜明的把握和感受，运用想象，调动生活经验，填补语言中的空白、省略，使模糊的语言明确含义，使具体语句的语气明确、鲜活，达到语句的表达目的。

停顿在朗诵中有生理需求，也有心理需求，是根据诗歌朗诵中语法规范以及表情达意的需要确定的。正确恰当的停顿影响诗歌朗诵的表现力，给听者一个接受、思考和品味的余地，影响受众的理解和感受，成为诗歌朗诵重要的表现手段，增强艺术的表现力和感染力。

重音是指朗诵中对诗句中的重读的音，某些字词或词组加以突出，以凸显出要强调的重点。以体现出诗句的目的、逻辑关系和思想感情。重音可以通过加强音强、改变音高、拉长音长、改变语速等多种方式来实现强调目的。

深厚的吐字发声功力在朗诵时也尤为重要。肤浅的气息，松散的吐字，不可能负载诗歌中深沉的意味和丰富的意象。只有扎实的基本功，并在实践中自然而丰富的变化，才能还原诗歌强大的生命表现力。自由诗或雄壮、或豪迈、或优美、或细腻、或象征、或哲思，表现丰富，风格多样。作为诗，情感的张力和自由度都远远大于其他文体，这就要求声音弹性和声音张力的丰富变化。

练习材料

材料1：

相信未来

郭路生

当蜘蛛网无情地查封了我的炉台
当灰烬的余烟叹息着贫困的悲哀
我依然固执地铺平失望的灰烬
用美丽的雪花写下：相信未来
当我的紫葡萄化为深秋的露水
当我的鲜花依偎在别人的情怀
我依然固执地用凝霜的枯藤
在凄凉的大地上写下：相信未来
我要用手指那涌向天边的排浪

我要用手掌那托住太阳的大海

摇曳着曙光那枝温暖漂亮的笔杆

用孩子的笔体写下：相信未来

我之所以坚定地相信未来

是我相信未来人们的眼睛

她有拨开历史风尘的睫毛

她有看透岁月篇章的瞳孔

不管人们对于我们腐烂的皮肉

那些迷途的惆怅、失败的苦痛

是寄予感动的热泪、深切的同情

还是给以轻蔑的微笑、辛辣的嘲讽

我坚信人们对于我们的脊骨

那无数次的探索、迷途、失败和成功

一定会给予热情、客观、公正的评定

是的，我焦急地等待着他们的评定

朋友，坚定地相信未来吧

相信不屈不挠的努力

相信战胜死亡的年轻

相信未来，热爱生命

朗诵提示：

《相信未来》一诗，由诗人食指作于 1968 年。该诗以其深刻的思想、优美的意境、朗朗上口的诗风让人们懂得了在逆境中，怎样自我鼓励，怎样矢志不渝地恪守自己，并予以对未来的希望。

这首诗构思巧妙，前三节写怎样去"相信未来"，后三节写为什么要"相信未来"。最后一节也是呼吁人们，要带着对未来的信念，去努力，去热爱，去生活。虽然整首诗语言质朴，但是思想深刻。所以我们在朗诵这篇文章的时候，要将作者想要表达的压抑和痛苦的感触抒发出来，让听者产生强烈的震撼，才能为后面做铺垫。同时我们更要表达出作者对未来充

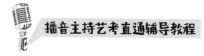

满信心，对生活充满热爱的态度和信念。

材料 2：

长江之歌

胡宏伟

你从雪山走来，春潮是你的风采；

你向东海奔去，惊涛是你的气概。

你用甘甜的乳汁，哺育各族儿女；

你用健美的臂膀，挽起高山大海。

我们赞美长江，你是无穷的源泉；

我们依恋长江，你有母亲的情怀。

你从远古走来，巨浪荡涤着尘埃；

你向未来奔去，涛声回荡在天外。

你用纯洁的清流，灌溉花的国土；

你用磅礴的力量，推动新的时代。

我们赞美长江，你是无穷的源泉；

我们依恋长江，你有母亲的情怀。

啊，长江！

朗诵提示：

这首诗歌赞颂了长江的宏伟壮丽，表达了对长江的热爱、依恋之情。上部分侧重写实从地理角度描写长江，歌颂长江的气概；下部分主要从时空的角度描写长江，赋予长江一种象征意义。

全诗气势雄伟、大气磅礴，朗诵时气息充沛，注意：①利用声音色彩的变化和气息控制表现出长江的不同仪态。②注意两部分写实与象征意义的不同声音对比的运用。③在对仗的语言中始终有虚实、强弱、刚柔的对比，音色中要体现出这种对比。

材料 3：

手 推 车

艾 青

在黄河流过的地域

在无数的枯干了的河底

手推车

以唯一的轮子

发出使阴暗的天穹痉挛的尖音

穿过寒冷与静寂

从这一个山脚

到那一个山脚

彻响着

北国人民的悲哀

在冰雪凝冻的日子

在贫穷的小村与小村之间

手推车

以单独的轮子

刻画在灰黄土层上的深深的辙迹

穿过广阔与荒漠

从这一条路

到那一条路

交织着

北国人民的悲哀

朗诵提示：

全诗勾勒出一个真实、沉重的历史情境。全诗用词准确简洁，意象鲜明，历史的苦难如同手推车的独轮沉沉地碾压在心灵上。诗的沉重感，不

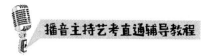

是失败者的绝望和哀伤，而是一个战士痛切的感情和奋起的决心。

朗诵时音色基调深沉，节奏缓慢而沉重，情绪推进时语势爬坡有力，注意重点词汇的重音处理，吐字准确有力，气息沉稳拉住。

材料4：

乡 愁

余光中

小时候

乡愁是一枚小小的邮票

我在这头

母亲在那头

长大后

乡愁是一张窄窄的船票

我在这头

新娘在那头

后来啊

乡愁是一方矮矮的坟墓

我在外头

母亲在里头

而现在

乡愁是一湾浅浅的海峡

我在这头

大陆在那头

朗诵提示：

通过不同形象的排列、比较、递进、反复，借助诗人具体而深刻的时间与空间的体验，抒发乡愁之思绪。诗中分别列出四个鲜明的意象所代表的四个人生阶段的空间体验，全诗充满了音乐的美感，回旋往复、一唱三叹。"小时候""长大后""后来""现在"，在诗的结构中虽在同一位置，但朗诵处理应区别，体现出递进关系。前三节情感由低到高越来越浓烈，声音形式上也可在音高上加高，第四节忽而转低，情感却越加深厚、绵长。

材料5：

再别康桥

徐志摩

轻轻的我走了

正如我轻轻的来

我轻轻的招手

作别西天的云彩

那河畔的金柳

是夕阳中的新娘

波光里的艳影

在我的心头荡漾

软泥上的青荇

油油的在水底招摇

在康河的柔波里

我甘心做一条水草

那榆荫下的一潭

不是清泉，是天上虹

揉碎在浮藻间

沉淀着彩虹似的梦

寻梦？撑一支长篙

向青草更青处漫溯

满载一船星辉

在星辉斑斓里放歌

但我不能放歌

悄悄是别离的笙箫

夏虫也为我沉默

沉默是今晚的康桥

悄悄的我走了

正如我悄悄的来

我挥一挥衣袖

不带走一片云彩

朗诵提示：

康桥，即英国著名剑桥大学所在地。全诗充满了对康桥的留恋之情、惜别之情和理想幻灭后的感伤之情，具有缠绵悱恻的诗意，同时又怀着淡淡的忧伤。

全诗基调优美而有诗意，淡淡的哀伤但并不灰暗，是如同西边的云彩一样绚烂美丽。全诗形式不拘一格，舒缓的节奏，轻盈的动作，语调抑扬顿挫，节奏优美，具有音乐的美感，读来朗朗上口，听来也有独特的审美快感。

朗诵注意诗人飘逸潇洒、真挚天然的个性特征，真挚的语气，挥洒的语势，舒张有致的节奏，收放自如，给人以独特的审美快感。

材料 6：

一棵开花的树

席慕蓉

如何让你遇见我

在我最美丽的时刻 为这

我已在佛前求了五百年

求他让我们结一段尘缘

佛于是把我化作一棵树

长在你必经的路旁

阳光下慎重地开满了花

朵朵都是我前世的盼望

当你走近 请你细听

颤抖的叶是我等待的热情

而你终于无视地走过

在你身后落了一地的

朋友啊 那不是花瓣

是我凋零的心

朗诵提示：

诗人说过在她看来生命是不断的经过，这首诗是在生命现场所得到的触动。诗人说这是她写给自然的一首情诗，有的读者把这首诗理解为爱情诗，也是一种理解和诠释。

朗诵中感情深沉真挚，充满深情，节奏舒缓，用声轻柔但语气坚定，吐字有力，以表现诗歌中的"我"那强大的内心和对真情的执拗。

材料7：

青 春

席慕蓉

所有的结局都已写好

所有的泪水也都已启程

却忽然忘了是怎么样的一个开始

在那个古老的不再回来的夏日

无论我如何地去追索

年轻的你只如云影掠过

而你微笑的面容极浅极淡

逐渐隐没在日落后的群岚

遂翻开那发黄的扉页

命运将它装订的极为拙劣

含着泪　我一读再读

却不得不承认

青春　是一本太仓促的书

朗诵提示：

全诗充满对青春远逝的无限感慨，对生命短暂的无限哀伤。但是在哀伤与幽怨中，我们读出了作者对生命与生活的坚定追求和执着求索。

朗诵此诗，内心的感慨与淡淡的哀伤中透出对青春生命的眷恋与赞美，语言清新、流畅，语气真挚而坚定，声音运用轻柔，吐字轻弹，重音有力。

材料8：

山坡上的野花

刘　晖

野花开放，这满山遍野的花朵

像春天的嘴唇朝向天空

一个少年唱着一支歌

谁能听清那含糊的歌词

山坡上的野花，这小小的，碎的颜色

仿佛时光中的碎片

从春天的缝隙中流出来，这令人心碎的美

甚至美得有些偏僻

阳光下的野花，雨中的野花

在这座高山上

自生自灭，无怨无悔

谁看见了这一景象

如果他在漫游中无所安慰

如果他在痛苦中越来越轻

面对这一山坡上的野花

谁还能没有羞愧

风吹过来了。风里交织着阳光的声音

谁不被万物的鞭子鞭打

那逝去的将永远逝去

而我仍然要在大地上继续旅行

到底谁知道野花的秘密

当它们很快就要消失

我的眼泪怎能不夺眶而出

朗诵提示：

全诗以野花这种微小的生命来表现人们对生命的热爱和对个体生命的思考，野花的美丽和凋零的过程使人感到时间的痕迹和压力，生命是美好的，生命又是短暂、易逝、一去不返的。诗人面对生命沉落的无奈，同时也能感到诗人顽强与执着的生命信念。

文字描写形象具体而细腻，注意口腔共鸣及鼻咽腔共鸣的调节，刻画声音细节，吐字轻巧、用声轻柔、刻画细腻，全文运思缜密，朗读时共鸣与声音处理得当会使诗歌独具一种清新、凄婉、迷离的韵味。

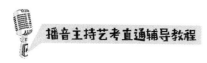

材料9：

雨 巷

戴望舒

撑着油纸伞　独自

彷徨在悠长，悠长

又寂寥的雨巷

我希望逢着

一个丁香一样的

结着愁怨的姑娘

她是有丁香一样的颜色

丁香一样的芬芳

丁香一样的忧愁

在雨中哀怨

哀怨又彷徨

她彷徨在这寂寥的雨巷，

撑着油纸伞　像我一样

像我一样地　默默彳亍着

冷漠，凄清，又惆怅

她静默地走近

走近，又投出

太息一般的眼光

她飘过　像梦一般的

像梦一般的凄婉迷茫

像梦中飘过　一枝丁香的

我身旁飘过这女郎

她静默地远了，远了

到了颓圮的篱墙

走尽这雨巷

在雨的哀曲里

消了她的颜色

散了她的芬芳

消散了，甚至她的

太息般的眼光

丁香般的惆怅

撑着油纸伞，独自

彷徨在悠长，悠长

又寂寥的雨巷

我希望飘过

一个丁香一样的

结着愁怨的姑娘

朗诵提示：

本诗既写实又写虚，既具体又朦胧。诗中撑着油纸伞的"我"心中有莫名的忧伤，在具体的、细微的环境中烘托了一个丁香一样的结着愁怨的姑娘，颇有象征意味。这是"实"与"虚"的结合、交融。想象中的邂逅，引发少男少女的心灵共鸣，是诗意化、形象化的多愁善感，是极为现代的诗歌情境。既有西洋油画的写实意味，又透出中式绘画朴素而简约的意境。极富音乐的美感，复沓、叠句、重唱等手法，造成了回环往复的旋律和宛转悦耳的乐感。诗的节奏感恰到好处，好像字、词、形象、情绪的共舞，仿佛乐章一样，有呈示、展开、再现，有主题旋律的发展，有乐思的重复与递进，给人以美好的、飘逸的、抒情的想象空间。

朦胧而又幽深的美感，用声不宜过实，虚实相间，用声力度不宜过大。情取其深，整体色彩深沉凄婉。朗读时要打破诗行和标点符号的限制，随诗中的情绪让语言行云流水。

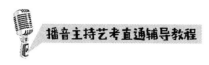

材料 10：

这也是一切

舒 婷

不是一切大树

都被风暴折断

不是一切种子

都找不到生根的土壤

不是一切真情

都流失在人心的沙漠里

不是一切梦想

都甘愿被折断翅膀

不，不是一切

都像你说的那样

不是一切火焰

都只燃烧自己

而不把别人照亮

不是一切星星

都仅指示黑暗

而不报告曙光

不是一切歌声

都掠过耳旁

而不留在心上

不，不是一切

都像你说的那样

不是一切呼吁都没有回响

不是一切损失都无法补偿

不是一切深渊都是灭亡

不是一切灭亡都覆盖在弱者头上

不是一切心灵

都踩在脚下，烂在泥里

不是一切后果

都是眼泪血印，而不展现欢容

一切的现在都孕育着未来

未来的一切都生长于它的昨天

希望，而且为它斗争

请把这一切放在你的肩上

朗诵提示：

"文革"后一个时期，一些青年人当中弥漫着一种"悲观"的空气，北岛的诗《一切》表现了一种心如死灰的情绪，发出了绝望的嚎叫：一切都是命运/一切都是烟云/一切都是没有结局的开始/一切都是稍纵即逝的追寻……/一切希望都带着注释/一切信仰都带有呻吟/一切爆发都有片刻的宁静/一切死亡都有冗长的回声。当时就有批评说北岛的诗感情颓废，不健康，绝望，悲观主义，虚无主义。舒婷的《这也是一切》是对否定一切的质疑，是对绝对否定的相对化，是对决否定情绪的一种理性反思。从而将我们的目光引向那深藏在否定废墟下的希望的亮光上。

诗中运用连串的否定，在否定中表现自己的观点。对表面现象否定的基础是内心坚实的价值体系和对生活的信心。在朗诵中特别要坚守心理的基础。呼吸稳健，吐字有力，在表明自己观点的时候要把持"有理不在声高"的原则，从语气和叼字上给予语言以力量。

二、散文

散文是与诗歌、小说、戏剧并称的一种文学体裁，行文不讲究韵律，在形式上没有特定的约束和限制，不讲究押韵、对仗、排比，形式自由，行文散漫，可以说是最自由的一种文体形式。散文的种类，按其内容、形式的不同，一般可分为杂感、小品、随笔、游记、素描、速写等，总体上分为三大类：记叙性散文、抒情性散文、议论性散文。

（一）散文朗读要点

1. 不同类型散文朗诵

记叙散文，以记叙人物、事件、景物为主的散文，称为记叙散文。记叙事件在朗诵时首先要叙事清楚，有条理，在演播时不能没有轻重主次、逻辑关系，播成一大片，让受众听不清叙述的事情。这就要求演播前理清线索，把握作者行文思路，在演播朗诵时心中有数。记叙性散文在叙事中倾注作者真挚的感情，这是与小说叙事最显著的区别。

散文中的人物则是在真人真事的基础上加工而成，人物一般运用写意的粗线条勾勒手法来表现，朗诵演播时注意写意传神，偏重表现人物的基本气质性格和精神风貌，不要刻意模仿扮演，破坏散文整体叙事的调子。

散文在景物的描写中，倾注作者情感，朗诵演播时注意融情于景，情景交融，而不要对自然景物的描述干巴巴，做客观实录式的描述，要本着一切景语皆情语的原则，去朗诵演播景色描写。

抒情性散文，以抒发作者主观情感的散文叫抒情散文。这类文章重点在于抒发作者的内心感情和主观感受，写人、写景、叙事、状物都是为抒情服务的。朗诵时注意把握作者感情基调，形成自己的朗诵基调，语言真挚，情深意切。朗诵演播时，注意情感抒发的分寸和对象感，情中有理，给听众以强有力的说服力和强烈的感情共鸣，而不要只顾自我情绪宣泄，忽视听众心理，造成不好的朗诵效果。

议论性散文，以发表议论为主的散文称为议论散文，但这是一种文艺性的议论文，是融形象和逻辑，情感与理性为一炉的文体。朗诵时同样要用情感灌注形象，逻辑贯穿其中。既要以情动人，又要以理服人。朗诵时一方面避免情感泛滥，说理不清，难以服人；另一方面，不要无动于衷，只顾说理，议论散文不是单纯的议论文，在说理当中，没有感性滋润的语言，就显得枯燥乏味。

2. 不同表达方式的运用

散文常运用记叙、说明、抒情、议论、描写等几种表达方式同融一炉，几种语言样式相辅相成、共同发挥作用。这几种语言样式的使用情况不尽相同，在处理散文时应合理使用、有机结合。

叙述性语言的叙事要清楚，带情而叙，娓娓道来；语气自然舒展，语速戒急促，舒缓而放松，声音轻柔，吐字清晰。

描写性语言应具体细致，注意形象生动、自然贴切。在描绘各种人、物、景、情的时候，应依据不同的描写对象采取不同的情感表达方式。

抒情性语言要情真意切、由衷而发，不能矫揉造作，或形神背离。根据情感内核来选取适当的表达方式。

议论性语言要带情而议，力求深沉含蓄、力透纸背。而不应该板起面孔，单纯说教。声音运用刚柔并济，避免过分轻柔带来的无力，也不要硬邦邦地说理，而语硬声僵。

（二）散文朗诵注意事项

1. 赋闲情，品性情

散文可以说是一种感发性的文体，当人们从繁杂的日常事务中解脱出来，对于自然，对于生活，对于社会，对于人生等诸多方面总会有所思想有所感悟，这种思想和感受不是通过严谨的理性文字表达，而是从作者的内心世界自然流淌出来。散文朗诵者在创作时要领悟这种闲情闲趣，体味作品中这种生活的艺术，保持放松的心态和玩赏的心理，而不要煞有介事，精神紧张。在创作中，寻找常人的生活情趣和闲情逸致，并作为一种朗诵中的总体精神状态。

朗诵散文，朗诵者不要拘泥于作品，局限于文字，这样朗诵出来就千篇一律，而是要了解作者经历，体会作者个性，把握作者性情，在语气语调中自然流淌出作家的人格和风格，使朗诵作品有一种作者独有的风韵和性格。每个作家都有自己独特的语言风格，这种语言风格自然流露于散文的文风当中，或清新真挚，或含蓄深沉，或睿智思辨，或苍莽淡远。朗诵散文要把握作者的语言风格，在备稿的过程中内化为自己的语言风格，只有这样散文表达才能成为朗诵者自然的流露。

2. 看立意，抓神韵

我们常说散文"形散神不散"，"形散神聚"是散文的重要特征。散文由于形式自由，作者看似可以随性抒发，散文中可以出现不同的人物，不同的生活场景，生活片断，可以随时抒发作者感怀，发表议论，形成观点，表面看来形式自由零散，但仔细分析研究，甚至要通过体会和感悟，去发现其松散形式背后的潜在联系，各种感悟体会中隐藏的神韵。

在朗诵一篇散文之前，首先应当理清其线索，把握其神韵，搞清材料与中心意蕴的内在联系。散文的神韵常常深藏在全文当中，需要纵观全篇去提炼、体悟；有的散文的神韵和主旨集中体现在"点睛之笔、点题之句"上，或存在作品的某一处。散文在表达中看似随意抒发，却有特定思想主旨支撑。在散文看似"散漫"的抒发中，在看似不经意之间，表达语言的目的却指向主题，为文章主题意蕴服务。使受众产生情感共鸣，受到感染与启发。

3. 松弛洒脱，真挚自然

轻松、洒脱就是不紧张，没有负担，不呆板，不拘束，落落大方、自然随性、收放自如。散文理论家佘树森说："散文的语言，似乎比小说多几分浓密和雕饰，而又比诗歌多几分清淡和自然。它简洁而又潇洒，朴素而又优美，自然中透着情韵。可以说，它的美，恰恰就在这浓与淡、雕饰与自然之间。"

洒脱是情感的坦诚，表达上的率真；是心灵的直抒胸臆，语言上的随形而致。散文语言形式多样、自由灵活、不拘一格，散文朗诵需要这种潇洒、洒脱的气质和风度，在表达中自然清新、行云流水。语言技巧要求用声通畅、语言流畅、收放自如。在变化多姿的语句排列中，用声过渡自然、随心变化。

练习材料

材料1：

《告别》节选

泰戈尔

是我走的时候了，妈妈；我走了。

当清寂的黎明，你在暗中伸出双臂，要抱你睡在床上的孩子时，我要说道："孩子不在那里呀！"——妈妈，我走了。

我要变成一股清风抚摸着你；我要变成水中的涟漪，当你沐浴时，把你吻了又吻。

大风之夜，当雨点在树叶上渐沥时，你在床上会听见我的微语；当电光从开着的窗口闪进你的屋里时，我的笑声也偕了它一同闪进了。

如果你醒着躺在床上，想你的孩子直到深夜，我便要从星空向你唱道："睡呀！妈妈，睡呀。"

我要坐在各处游荡的月光上，偷偷地来到你的床上，乘你睡着时，躺在你的胸上。

我要变成一个梦儿，从你眼皮的微缝中，钻到你睡眠的深处。当你醒来吃惊地四望时，我便如闪耀的萤火虫似的，熠熠地向暗中飞去了。

朗诵提示：

泰戈尔的《告别》以丰富的联想和想象表现出孩子天真烂漫的童真世界，表现美丽和谐的母子之爱，我们似乎感受到了一幅幅生动的画面，这画面充满祥和、诗意和温情。练习时用声温柔而细腻，需要声音弱控制的精细控制。

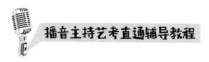

材料2：

《知春》节选

陈所巨

在溪边，偶然地发现几粒细碎的小白花，那便是春之信号罢。

流水依然无声地冷，悄然流去，不理不睬岸边的一切，怪道人说"流水无情"哩。冬天里的风，却有了这细细碎碎微不足道的春天的花。"城中桃李愁风雨，春在溪头荠菜花"，那词人在久远的宋朝，就已曾看见溪边这白花了。百千年过去，荠菜花仍是野地里的报春信使，但城中桃李倒是欢乐起来，似乎不再有风雨中的忧愁。

春之端倪，竟绽在这小小的荠菜花上？你或许怀疑，或许认定古人那诗词多少有些牵强附会。但你认真想一下，当那小白花绽开之后，随之而来的不就是漾漾无边草色？人们以一叶知秋，当然也会以一花知春了的。荠菜花和春天是有着某种潜在的机缘，还是并不相干的偶然巧合？

朗诵提示：

小散文运思绵密自备一种清新婉丽的韵味，给人美好的情绪感染，透露出对大自然的热爱和作者内心的喜悦。文字清新，描写细腻，朗读时声音运用清柔优美、虚实相间，吐字轻巧刻画细腻。

材料3：

《目送》节选

龙应台

华安上小学第一天，我和他手牵着手，穿过好几条街，到维多利亚小学。九月初，家家户户院子里的苹果和梨树都缀满了拳头大小的果子，枝桠因为负重而沉沉下垂，越出了树篱，钩到过路行人的头发。

很多很多的孩子，在操场上等候上课的第一声铃响。小小的手，圈在爸爸的、妈妈的手心里，怯怯的眼神，打量着周遭。他们是幼儿园的毕业生，但是他们还不知道一个定律：一件事情的毕业，永远是另一件事情的开启。

铃声一响，顿时人影错杂，奔往不同方向，但是在那么多穿梭纷乱的人群里，我无比清楚地看着自己孩子的背影——就好像在一百个婴儿同时哭声大作时，你仍旧能够准确听出自己那一个的位置。华安背着一个五颜六色的书包往前走，但是他不断地回头；好像穿越一条无边无际的时空长河，他的视线和我凝望的眼光隔空交会。

我看着他瘦小的背影消失在门里。

十六岁，他到美国做交换生一年。我送他到机场。告别时，照例拥抱，我的头只能贴到他的胸口，好像抱住了长颈鹿的脚。他很明显地在勉强忍受母亲的深情。

他在长长的行列里，等候护照检验；我就站在外面，用眼睛跟着他的背影一寸一寸往前挪。终于轮到他，在海关窗口停留片刻，然后拿回护照，闪入一扇门，倏忽不见。

我一直在等候，等候他消失前的回头一瞥。但是他没有，一次都没有。

现在他二十一岁，上的大学，正好是我教课的大学。但即使是同路，他也不愿搭我的车。即使同车，他戴上耳机——只有一个人能听的音乐，是一扇紧闭的门。有时他在对街等候公交车，我从高楼的窗口往下看：一个高高瘦瘦的青年，眼睛望向灰色的海；我只能想象，他的内在世界和我的一样波涛深邃，但是，我进不去。一会儿公交车来了，挡住了他的身影。车子开走，一条空荡荡的街，只立着一只邮筒。

我慢慢地、慢慢地了解到，所谓父女母子一场，只不过意味着，你和他的缘分就是今生今世不断地在目送他的背影渐行渐远。你站立在小路的这一端，看着他逐渐消失在小路转弯的地方，而且，他用背影默默告诉你：不必追。

朗诵提示：

作家龙应台的《目送》是一篇抒情性散文，注意把握作者情感基调，形成自己的朗诵基调，语言真挚，情深意切。文章描写了三次目送儿子离开的场景。开头部分描述场景，带情而叙，娓娓道来，语气自然舒展。要注意情感抒发的层次，情中有理。结尾议论部分作为点睛之笔，是感性到理性的飞跃，朗读时也要带情而议，力求深沉含蓄，声音运用刚柔相济，加重音强，叼紧字头，拉长字音，切忌不要单纯说教。

材料4：

《我的老师》节选

海伦·凯勒

记得有一天早晨，我第一次问 "love"（爱）这个词。我在花园里找了不少早春的鲜花，我把这些花拿给我的教师。她想吻我一下，但是那时候，除了我母亲以外，我不喜欢别人吻我。莎利文小姐用她的手臂温存地围着我的脖子，在我手上拼写了"我爱海伦"。

我问："'爱'是什么东西？"

她把我拉得更近，用手指着我的心说："爱就在这里。"她的话使我迷惑不解，因为当时除了手能摸得到的东西以外，我不能理解任何别的东西。

我闻着她手上的花，一面讲一面打着手势问："花的香味是'爱'吗？"

"不是。"我的老师说。

我想了一下又问："温暖的阳光照在我的身上，射向四面八方，这是'爱'吗？"

我认为没有什么比太阳更美丽的东西，因为它温暖的光能使万物生长。但是莎利文小姐摇摇头。我感到困惑和失望，我想我的老师真怪，为什么不把'爱'拿给我看看，让我摸摸。

大概一天以后，老师要我把大小不同的珠子穿成两颗大珠和三颗小珠相间隔的式样。我穿错了很多，莎利文小姐没有责怪我，而是耐心和蔼地指出我的错误，叫我再仔细地按正确的次序排列珠子，莎利文小姐用手触着我的前额，拼写了"think"（思考）。刹那间，我懂得了事物的名称是在人们的脑子里通过思考产生的。我第一次意识到某些东西的名称不一定都是我的手能摸到的。

我花了很长时间在琢磨着"爱"这个词。现在我知道这个词是什么意思了。太阳被云覆盖，下了一场阵雨。忽然云开日出，阳光又带来了南方特有的炎热。我又问老师，"这是不是'爱'呢?"老师回答说，"'爱'就像云一样，在太阳出来之前布满天空。"接着她又解释说，"你知道，你不能摸到云，但你会感觉到雨。同样的，你不能摸到'爱'，但是你知道人的温情可以灌注到每一样东西中去。没有爱，你就没有欢乐，你就不愿游玩。"

我的脑子里充满了美妙的真理。我感到我的心跟我看不见的东西，跟别人的心，都是紧紧地连接在一起的。

我是通过生活本身开始我的学生生涯的。起初，我只是个有可能学习的毛坯，是我的老师开了我的眼界，使我这块毛坯有可能发展进步，她一来到我的身边，就给我带来爱，带来欢乐，给我的生活增添绚丽的色彩。她把一切事物的美展现在我的面前。

她总是设法使我生活得充实、美满和有价值。

朗诵提示：

在读这篇文章前我们首先要了解海伦与莎莉文的人物背景、关系，这样才能更好地掌握朗诵尺度和读出内在感情。因为这篇文章是以海伦第一人称表达的，所以要注重语态的自然，贴近人物形象。把海伦的天真善良对于世界的好奇以及老师莎莉文的耐心真诚智慧的人物个性表达出来。在处理对话时也要注重音色感觉的区分，旁白部分需要描述感表达感，这样才能让创作者自身做到感同身受让受众有身临其境之感。

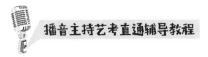

材料5:

《我喜欢出发》节选

汪国真

凡是到达了的地方，都属于昨天。哪怕那山再青，那水再秀，那风再温柔。太深的流连便成了一种羁绊，绊住的不仅是双脚，还有未来。

怎么能不喜欢出发呢？没见过大山的巍峨，真是遗憾；见了大山的巍峨没见过大海的浩瀚，仍然是遗憾；见了大海的浩瀚没见过大漠的广袤，依旧遗憾；见了大漠的广袤没见过森林的神秘，还是遗憾。世界上有不绝的风景，我有不老的心情。

我自然知道，大山有坎坷，大海有浪涛，大漠有风沙，森林有猛兽。即便这样，我依然喜欢。

打破生活的平静便是另一番景致，一种属于年轻的景致。真庆幸我还没有老。即便真老了又怎么样，不是有句话叫老当益壮吗？

于是我想从大山那里学习深刻，我还想从大海那里学习勇敢，我还想从大漠那里学习沉着，我还想从森林那里学习机敏。我还想学着品味一种缤纷的人生。

人能走多远？这话不是要问两脚而是要问志向；人能攀多高？这事不是要问双手而是要问意志。于是，我想用热血给自己树起一个高远的目标。不仅是为了争取一种光荣，更是为了追求一种境界。目标实现了，便是光荣；目标实现不了，人生也会因这一路风雨跋涉变得丰富而充实；在我看来，这就是不虚此生。

是的，我喜欢出发，愿你也喜欢。

朗诵提示:

汪国真的散文中不仅有年轻人的生活和那种明白畅晓的生活方式，更主要的是一种超然豁达、平易恬淡的人生态度。在朗诵前首先要将自己调整到作者的状态中，入情入境，体会到作者的态度感情，才能够准确地朗诵文章。全篇文章饱含着乐观积极的心态，表达出作者不断追求、不断探索、不断前进的心理。我们要充分运用自己的想象力，大海、山川、河流全都在脑海中活跃起来，并且与有声语言结合，带领读者进入文章中。同时，要注意河流、大海、山川、大漠等不同地方的不同语言表现，进行对比变化，表达生动细腻。

材料6：

《背影》节选

朱自清

　　我说道："爸爸，你走吧。"他望车外看了看，说："我买几个橘子去。你就在此地，不要走动。"我看那边月台的栅栏外有几个卖东西的等着顾客。走到那边月台，须穿过铁道，须跳下去又爬上去。父亲是一个胖子，走过去自然要费事些。我本来要去的，他不肯，只好让他去。我看见他戴着黑布小帽，穿着黑布大马褂，深青布棉袍，蹒跚地走到铁道边，慢慢探身下去，尚不大难。可是他穿过铁道，要爬上那边月台，就不容易了。他用两手攀着上面，两脚再向上缩；他肥胖的身子向左微倾，显出努力的样子。这时我看见他的背影，我的泪很快地流下来了。我赶紧拭干了泪。怕他看见，也怕别人看见。我再向外看时，他已抱了朱红的橘子往回走了。过铁道时，他先将橘子散放在地上，自己慢慢爬下，再抱起橘子走。到这边时，我赶紧去搀他。他和我走到车上，将橘子一股脑儿放在我的皮大衣上。于是扑扑衣上的泥土，心里很轻松似的。过一会儿说："我走了，到那边来信！"我望着他走出去。他走了几步，回过头看见我，说："进去吧，里边没人。"等他的背影混入来来往往的人里，再找不着了，我便进来坐下，我的眼泪又来了。

　　朗诵提示：

　　朱自清的这一篇《背影》是一个典型的倒叙型散文，从侧面的角度讲述了作者朱自清对自己父亲的那种难以表达的亲情，以及父亲对他的那种默默无闻的爱。念好这篇文章，我们首先需要了解到当时的社会背景，在那样一个动荡的时代，一位老父亲送自己家的儿子去远方念大学，家里经济条件不好，自己的身体不好，但是也从来不让自己儿子知道，不让他担心。但是相反这些默默无闻的爱朱自清真真切切地都看在了眼里，却无法言说，我们一定要把自己比拟成当时的朱自清，感受到那样一种父爱，感受到自己心里的那种苦楚，在以自己的声音表达出来，带着情感朗诵。

材料7：

春之怀古

张晓风

春天必然曾经是这样的：从绿意内敛的山头，一把雪再也撑不住了，噗嗤的一声，将冷面笑成花面，一首渐渐然的歌便从云端唱到山麓，从山麓唱到低低的荒村，唱入篱落，唱入一只小鸭的黄蹼，唱入软溶溶的春泥——软如一床新翻的棉被的春泥。

那样娇，那样敏感，却又那样混沌无涯。一声雷，可以无端地惹哭满天的云，一阵杜鹃啼，可以斗急了一城杜鹃花，一阵风起，每一棵柳都会吟出一则则白茫茫、虚飘飘说也说不清、听也听不清的飞絮，每一丝飞絮都是一株柳的分号。反正，春天就是这样不讲理，不逻辑，而仍可以好得让人心平气和的。

春天必然曾经是这样的：满塘叶黯花残的枯梗抵死苦守一截老根，北地里千宅万户的屋梁受尽风欺雪压犹自温柔地抱着一团小小的空虚的燕巢。然后，忽然有一天，桃花把所有的山村水廓都攻陷了。柳树把皇室的御沟和民间的江头都控制住了。春天有如旌旗鲜明的王师，因为长期虔诚的企盼祝祷而美丽起来。

而关于春天的名字，必然曾经有这样的一段故事：在《诗经》之前，在《尚书》之前，在仓颉造字之前，一只小羊在啮草时猛然感到的多汁，一个孩子放风筝时猛然感觉到的飞腾，一双患风痛的腿在猛然间感到舒适，千千万万双素手在溪畔在江畔浣纱时所猛然感到的水的血脉……当他们惊讶地奔走互告的时候，他们决定将嘴噘成吹口哨的形状，用一种愉快的耳语的声音来为这季节命名："春"。

鸟又可以开始丈量天空了。有的负责丈量天的蓝度，有的负责丈量天的透明度，有的负责用那双翼丈量天的高度和深度。而所有的鸟全不是好的数学家，他们吱吱喳喳地算了又算，核了又核，终于还是不敢宣布统计数字。

至于所有的花，已交给蝴蝶去数。所有的蕊，交给蜜蜂去编册。所有的树，交给风去纵宠。而风，交给檐前的老风铃去——记忆——垂询。

春天必然曾经是这样，或者，在什么地方，它仍然是这样的吧？穿越烟囱与烟囱的黑森林，我想走访那踯躅在湮远年代中的春天。

朗诵提示：

《春之怀古》和朱自清的散文《春》有些相似，但其中不同之处在于《春》所描绘的大多是一幅幅画，是平面化的。而《春之怀古》中的一些意象呈现出一种精心建构的立体感，结构多变，层次多样。如："从云端唱到山麓，从山麓唱到低低的荒村，唱入篱落，唱入一只小鸭的黄蹼，唱入软溶溶的春泥"这句是一种自上而下的空间结构，表现出仪态万千的春天，透露出春天的生命力。下一段中"一声雷，可以无端地惹哭满天的云，一阵杜鹃啼，可以斗急了一城杜鹃花，一阵风起，每一棵柳都会吟出一则则白茫茫、虚飘飘说也说不清、听也听不清的飞絮"这一句又呈现出一种平行覆叠的结构，画面有了景深，内容也丰富起来。因此在处理这几句的时候，除了注意情景再现，还要注意读出各种事物的空间感和层次感。同时，张晓风的散文风格被称为"笔如太阳之热，霜雪之贞，篇篇有寒梅之香，字字若璎珞敲冰"。像是一篇不分行的现代诗，因此，读这篇散文的语言要努力做到灵动活泼、绘声绘色、优美动听，声音刚柔相济，虚实结合，不能因抒情声音太飘，过于舒缓。王国维先生曾说："一切景语皆情语。"所以还要读出作者想要表达的思想感情，对悲凉的社会现实的不满，对美好生活的希冀，注意其中情感的分寸和对象感。

材料8：

散　步

莫怀戚

我们在田野散步：我，我的母亲，我的妻子和儿子。

母亲本不愿出来的。她老了，身体不好，走远一点就觉得很累。我说，正因为如此，才应该多走走。母亲信服地点点头，便去拿外套。她现在很听我的话，就像小时候我很听她的话一样。

天气很好。春天来得太迟太迟了，但是春天总算来了。我的母亲又熬过了一个冬季。

这南方初春的田野，大块小块的新绿随意地铺着，有的浓，有的淡；树上的绿芽也密了；田野里的冬水也咕咕地起着水泡。这一切使人想起一样东西——生命。

我和母亲走在前面，我的妻子和儿子走在后面。小家伙突然叫起来："前面也是妈妈和儿子，后面也是妈妈和儿子。"我们都笑了。

后来发生了分歧：母亲要走大路，大路平顺；我的儿子要走小路，小路有意思。不过，一切都取决于我。我的母亲老了，她早已习惯听从她强壮的儿子；我的儿子还小，他还习惯听从他高大的父亲；妻子呢，在外边，她总是听我的。一霎时我感到了责任的重大。我想找一个两全的办法，找不出；我想拆散一家人，分成两路，各得其所，终不愿意。我决定委屈儿子，因为我伴同他的时日还长。我说："走大路。"

但是母亲摸摸孙儿的小脑瓜，变了主意："还是走小路吧。"她的眼随小路望去：那里有金色的菜花，两行整齐的桑树，尽头一口水波粼粼的鱼塘。"我走不过去的地方你就背着我。"母亲对我说。

这样，我们在阳光下，向着那菜花、桑树和鱼塘走去。到了一处，我蹲下来，背起了母亲，妻子也蹲下来，背起了儿子。我的母亲虽然高大，然而很瘦，自然不算重；儿子虽然很胖，毕竟幼小，自然也轻：但我和妻子都是慢慢地，稳稳地，走得很仔细，好像我背上的同她背上的加起来，就是整个世界。

练习提示：

作者莫怀戚经历较复杂，当过知青、士兵（中国人民解放军）、摩托车手和小提琴演奏员。本文是作者一次真实的经历，"她现在很听我的话，就像我小时候很听她的话一样。"这句话写母子关系，"小家伙突然大叫起来：'前面也是妈妈和儿子，后面也是妈妈和儿子。'我们都笑了。"这句话很有生活情趣，既表现了小家伙的天真，又表现了家庭的幸福。"我和妻子慢慢的，稳稳地"体现出家人间的陪伴。播读时要注意态度分寸，把握好文章整体基调。

材料9：

《牡丹的拒绝》节选

张抗抗

其实你在很久以前并不喜欢牡丹，因为它总被人作为富贵膜拜。后来你目睹了一次牡丹的落花，你相信所有的人都会为之感动：一阵清风徐来，娇艳鲜嫩的盛期牡丹忽然整朵整朵地坠落，铺散一地绚丽的花瓣。那花瓣落地时依然鲜艳夺目，如同一只奉上祭坛的大鸟脱落的羽毛，低吟着壮烈的悲歌离去。

牡丹没有花谢花败之时，要么烁于枝头，要么归于泥土，它跨越萎顿和衰老，由青春而死亡，由美丽而消遁。它虽美却不吝惜生命，即使告别也要展示给人最后一次的惊心动魄。

所以在这阴冷的四月里，奇迹不会发生。任凭游人扫兴和诅咒，牡丹依然安之若素。它不苟且、不俯就、不妥协、不媚俗，甘愿自己冷落自己。它遵循自己的花期自己的规律，它有权利为自己选择每年一度的盛大节日。它为什么不拒绝寒冷？

天南海北的看花人，依然络绎不绝地涌入洛阳城。人们不会因牡丹的拒绝而拒绝它的美。如果它再被贬谪十次，也许它就会繁衍出十个洛阳牡丹城。

于是你在无言的遗憾中感悟到，富贵与高贵只是一字之差。同人一样，花儿也是有灵性的，更有品位之高低。品位这东西为气为魂为筋骨为神韵，只可意会。你叹服牡丹卓尔不群之姿，方知"品位"是多么容易被世人忽略或是漠视的美。

朗诵提示：

本文是著名作家张抗抗所写，作品不像其他作品那样描写牡丹的富丽堂皇，而是通过描写牡丹的落花来赞颂它的美。播读时不要被文章表面现象迷惑，要读出牡丹对生命的追求与对自我个性的坚持。

材料 10：

再见罢，我不幸的乡土哟！

巴 金

踏上了轮船的甲板以后，我便和中国的土地暂别了，心里自然装满了悲哀和离愁。开船的时候我站在甲板上，望着船慢慢地往后退离开了岸，一直到我看不见岸上高大的建筑物和黄浦江中的外国兵舰，我才掉过头来。我的眼里装满了热泪，我低声说了一句："再见罢，我不幸的乡土哟！"

再见罢，我不幸的乡土哟，这二十二年来你养育了我。我无日不在你的怀抱中，我无日不受你的扶持。我的衣食取给于你。我的苦乐也是你的赐予。我的亲人生长在这里，我的朋友也散布在这里。在幼年时代你曾使我享受种种的幸福；可是在我有了知识以后你又成了我的痛苦的源泉了。

在这里我看见了种种人间的悲剧，在这里我认识了我们所处的时代，在这里我身受了各种的痛苦。我挣扎，我苦斗，我几次濒于灭亡，我带了遍体的鳞伤。我用了眼泪和叹息埋葬了我的一些亲人，他们是被旧礼教杀了的。

这里有美丽的山水，肥沃的田畴，同时又有黑暗的监狱和刑场。在这里坏人得志、好人受苦，正义受到摧残。在这里人们为了争取自由，不得不从事残酷的斗争。在这里人们在吃他的同类的人。——那许多的惨酷的景象，那许多的悲痛的回忆！

哟，雄伟的黄河，神秘的扬子江哟，你们的伟大的历史在哪里去了？这样的国土！这样的人民！我的心怎么能够离开你们！

再见罢，我不幸的乡土哟！我恨你，我又不得不爱你。

朗诵提示：

作者描写他在踏上轮船，离开中国的土地时，心里充满悲哀和离愁，想起乡土曾扶持他，赐予他苦乐，让他享受幸福。可是，乡土也给他带来不幸，也几次濒于灭亡，使他遍体鳞伤。他的家乡曾经遭受战乱，土地荒芜贫瘠，百姓流离失所，但是她的孩子是永远不会嫌弃她的，充满同情，虽然不得已远离家乡，但内心对乡土的挚爱眷念挥之不去。因此，在诵读这一散文之时应在情感上贴近作者内心的痛苦与煎熬，即"感同身受"。整体语气状态应饱含深情，注意轻重缓急，处理好抑扬顿挫。

材料11：

《希望》节选

鲁 迅

我的心分外地寂寞。

然而我的心很平安，没有爱憎，没有哀乐，也没有颜色和声音。

我大概老了，我的头发已经苍白，不是很明白的事吗？我的手颤抖了，不是很明白的事么？那么我的魂灵的手一定也颤抖着，头发也一定苍白了。

然而这是许多年前的事了。

这以前我的心也曾充满过血腥的歌声：血和铁，火焰和毒，报复和报仇。而忽然这些都空虚了，但有时故意地填以没奈何的自欺的希望。希望，希望，用这希望的盾，抗拒那空虚中的暗夜的袭来。虽然盾后面也依然是空虚中的暗夜。然而就是如此，陆续地耗尽了我的青春。

我早先岂不知我的青春已经逝去了？但以为身外的青春固在：星、月光，僵坠的蝴蝶，暗中的花，猫头鹰的不祥之音，杜鹃的啼血，笑的渺茫，爱的翔舞……虽然是悲凉漂渺的青春罢，然而究竟是青春。

然而现在何以如此寂寞？难道连身外的青春也都逝去，世上的青年也多衰老了么？

我只得由我来肉搏这空虚中的暗夜了。我放下希望之盾，我听到 Petofio Sandor（裴多菲 1823—1649）的"希望"之歌，他说：绝望之为虚妄，正与希望相同。

倘使我还得偷生在不明不暗的这"虚妄"中，我就还要寻求那逝去的悲凉漂渺的青春，但不妨在我的身外。因为身外的青春倘一消灭，我身中的迟暮的青春也即凋零了。

然而现在没有星和月光，没有僵坠的蝴蝶以至笑的渺茫，爱的翔舞。然而青年们很平安。

我只得由我来肉搏这空虚中的暗夜了，纵使寻不到身外的青春，也总得自己来一掷我身中的迟暮。但暗夜又在哪里呢？现在没有星，没有月光以至笑的渺茫和爱的翔舞；青年们很平安，而我的面前又竟至于并且没有真的暗夜。

绝望之为虚妄，正与希望相同！

朗诵提示：

摘自鲁迅最著名也最深刻的作品，作者的自我心境的抒发，与历史、现实、人性的反思深深地结合在一起，浑成浩大而沉郁悲凉的意境。这是高难度的朗诵篇章，包蕴既深且广，最重要的是将作者的悲凉、沉痛、哀愁、无奈以及绝望与希望的交织浑然一体地吟唱出来。气息的变化要随着情绪、情境和诸多形象的再现而呈现。由于作品内涵特别深，反倒不宜字斟句酌——陷入细节的雕饰中会显得小气，要把握整体，表现鲁迅先生的深刻的悲凉沉痛以及悲天悯人的情怀。

材料12：

《荷塘月色》节选

朱自清

　　这几天心里颇不宁静。今晚在院子里坐着乘凉，忽然想起日日走过的荷塘，在这满月的光里，总该另有一番样子吧。月亮渐渐地升高了，墙外马路上孩子们的欢笑，已经听不见了；妻在屋里拍着闰儿，迷迷糊糊地哼着眠歌。我悄悄地披了大衫，带上门出去。

　　沿着荷塘，是一条曲折的小煤屑路。这是一条幽僻的路；白天也少人走，夜晚更加寂寞。荷塘四面，长着许多树，蓊蓊郁郁的。路的一旁，是些杨柳，和一些不知道名字的树。没有月光的晚上，这路上阴森森的，有些怕人。今晚却很好，虽然月光也还是淡淡的。

　　路上只我一个人，背着手踱着。这一片天地好像是我的；我也像超出了平常的自己，到了另一个世界里。我爱热闹，也爱冷静；爱群居，也爱独处。像今晚上，一个人在这苍茫的月下，什么都可以想，什么都可以不想，便觉是个自由的人。白天里一定要做的事，一定要说的话，现在都可不理。这是独处的妙处，我且受用这无边的荷香月色好了。

　　曲曲折折的荷塘上面，弥望的是田田的叶子。叶子出水很高，像亭亭的舞女的裙。层层的叶子中间，零星地点缀着些白花，有袅娜地开着的，有羞涩地打着朵儿的；正如一粒粒的明珠，又如碧天里的星星，又如刚出浴的美人。微风过处，送来缕缕清香，仿佛远处高楼上渺茫的歌声似的。这时候叶子与花也有一丝的颤动，像闪电般，霎时传过荷塘的那边去了。叶子本是肩并肩密密地挨着，这便宛然有了一道凝碧的波痕。叶子底下是脉脉的流水，遮住了，不能见一些颜色；而叶子却更见风致了。

月光如流水一般，静静地泻在这一片叶子和花上。薄薄的青雾浮起在荷塘里。叶子和花仿佛在牛乳中洗过一样；又像笼着轻纱的梦。虽然是满月，天上却有一层淡淡的云，所以不能朗照；但我以为这恰是到了好处——酣眠固不可少，小睡也别有风味的。月光是隔了树照过来的，高处丛生的灌木，落下参差的斑驳的黑影，峭楞楞如鬼一般；弯弯的杨柳的稀疏的倩影，却又像是画在荷叶上。塘中的月色并不均匀；但光与影有着和谐的旋律，如梵婀玲上奏着的名曲。

荷塘的四面，远远近近，高高低低都是树，而杨柳最多。这些树将一片荷塘重重围住；只在小路一旁，漏着几段空隙，像是特为月光留下的。树色一例是阴阴的，乍看像一团烟雾；但杨柳的丰姿，便在烟雾里也辨得出。树梢上隐隐约约的是一带远山，只有些大意罢了。树缝里也漏着一两点路灯光，没精打采的，是渴睡人的眼。这时候最热闹的，要数树上的蝉声与水里的蛙声；但热闹是它们的，我什么也没有。

朗诵提示：

要了解散文写作的时代背景，这篇散文作于1927年7月，当时正值大革命失败，白色恐怖笼罩中国大地。蒋介石叛变革命，中国处于一片黑暗之中。朱自清作为"大时代中一名小卒"，一直在呐喊和斗争，作者始终平息不了对黑暗现实产生的不满和对生活感到的矛盾，内心抑郁，始终无法平静。作者写下了这篇文章。所谓"虽是细枝末节，却是顶上功夫。"文章要用声中音偏低，音量不大，语言舒展，气息平和。散文让人从平凡中品读出其中的忧郁之意，让人从细微之处窥见作者的心境和宏旨精义，正如"一粒沙里见世界，半瓣花上说人情"。这篇散文通过对冷清的月夜下荷塘景色的描写，流露出作者想寻找安宁但又不可得，幻想超脱现实但又无法超脱的复杂心情，这正是那个黑暗的时代在作者心灵上的折射。要从感觉上处理对荷塘月色的向往，语言动情真实。把作者的情感意蕴最大化地传递给受众。文章对荷塘周遭环境的描写，读时要反映出在这种气氛环境中作者的一颗寂寞的心。接着作者披露自己之所以中意于今夜荷塘的原委，抒发自己踏月寻幽的万端感慨。后边开始正式地对荷塘和月色的景致进行详细的描写，要读出作者的心思神往。要注意运用语气来反映思想情感，对于作者反讽社会，揭示现实意义的段落，深刻感悟并凸显语气的不同。

材料13：

济南的冬天

老　舍

对于一个在北平住惯的人，像我，冬天要是不刮风，便觉得是奇迹；济南的冬天是没有风声的。对于一个刚由伦敦回来的人，像我，冬天要能看得见日光，便觉得是怪事；济南的冬天是响晴的。自然，在热带的地方，日光是永远那么毒，响亮的天气，反有点叫人害怕。可是，在北中国的冬天，而能有温晴的天气，济南真得算个宝地。

设若单单是有阳光，那也算不了出奇。请闭上眼睛想：一个老城，有山有水，全在天底下晒着阳光，暖和安适地睡着，只等春风来把它们唤醒，这是不是理想的境界？

小山整把济南围了个圈儿，只有北边缺着点口儿。这一圈小山在冬天特别可爱，好像是把济南放在一个小摇篮里，它们安静不动地低声地说："你们放心吧，这儿准保暖和。"真的，济南的人们在冬天是面上含笑的。他们一看那些小山，心中便觉得有了着落，有了依靠。他们由天上看到山上，便不知不觉地想起：明天也许就是春天了吧？这样的温暖，今天夜里山草也许就绿起来了吧？就是这点幻想不能一时实现，他们也并不着急，因为这样慈善的冬天，干什么还希望别的呢。

最妙的是下点小雪呀。看吧，山上的矮松越发的青黑，树尖上顶着一髻儿白花，好像日本看护妇。山尖全白了，给蓝天镶上一道银边。山坡上，有的地方雪厚点，有的地方草色还露着；这样，一道儿白，一道儿暗黄，给山们穿上一件带水纹的花衣；看着看着，这件花衣好像被风儿吹动，叫你希望看见一点更美的山的肌肤。等到快日落的时候，微黄的阳光斜射在山腰上，那点儿薄雪好像忽然害羞，微微露出点粉色。就是下小雪吧，济南是受不住大雪的，那些小山太秀气。

古老的济南，城内那么狭窄，城外又那么宽敞，山坡上卧着些小村庄，小村庄的房顶上卧着点雪，对，这是张小水墨画，或者是唐代的名手画的吧。

那水呢，不但不结冰，反倒在绿藻上冒着点热气。水藻真绿，把终年贮蓄的绿色全拿出来了。天儿越晴，水藻越绿，就凭这些绿的精神，水也不忍得冰上；况且那长枝的垂柳还要在水里照个影儿呢。看吧，由澄清的河水慢慢往上看吧，空中，半空中，天上，自上而下全是那么清亮，那么蓝汪汪的，整个的是块空灵的蓝水晶。这块水晶里，包着红屋顶，黄草山，像地毯上的小团花的小灰色树影。这就是冬天的济南。

朗诵提示：

朗诵者感悟到作者所要表现的济南冬天的这种平凡的美感时，有声语言便有了美感的方向，不是浓墨重彩的，不是激情四溢的，没有大起大落，大悲大喜，而是自然质朴，温暖惬意的。在舒缓、自然的口语中蕴含丰富细腻的音色变化，以表现平凡事物带来的感动。

朗读《济南的冬天》，应谈吐自然流畅，运用口语化表达，即贴近生活的讲说方式。老舍的文字没有华丽的辞藻，没有难解的句子，但就像一位老者在拉家常、讲故事，亲切备至。在朗读时也要避免生硬地读，或高昂的调子，而始终要侃侃而谈、娓娓道来，情感真挚语言质朴，而不要拿腔拿调，起调不要高，用声柔和。语言长短句间隔调配，句式整齐，注意读出韵律感和节奏感。

材料 14：

《住的梦》节选

老　舍

　　不管我的梦想能否成为事实，说出来总是好玩的：春天，我将要住在杭州。二十年前，我到过杭州，只住了两天。那是旧历的二月初，在西湖上我看见了嫩柳与菜花，碧浪与翠竹。山上的光景如何？没有看到。三四月的莺花山水如何，也无从晓得。但是，由我看到的那点春光，已经可以断定杭州的春天必定会教人整天生活在诗与图画中的。所以，春天我的家应当是在杭州。

　　夏天，我想青城山应当算作最理想的地方。在那里，我虽然只住过十天，可是它的幽静已拴住了我的心灵。在我所看见过的山水中，只有这里没有使我失望。它并没有什么奇峰或巨瀑，也没有多少古寺与胜迹，可是，它的那一片绿色已足使我感到这是仙人所应住的地方了。到处都是绿，而且都是像嫩柳那么淡，竹叶那么亮，蕉叶那么润，目之所及，那片淡而光润的绿色都在轻轻的颤动，仿佛要流入空中与心中去似的。这个绿色会像音乐似的，涤清了心中的万虑，山中有水，有茶，还有酒。早晚，即使在暑天，也须穿起毛衣。我想，在这里住一夏天，必能写出一部十万到二十万的小说。

　　假若青城去不成，求其次者才提到青岛。我在青岛住过三年，很喜爱它。不过，春夏之交，它有雾，虽然不很热，可是相当的湿闷。再说，一到夏天，游人来的很多，失去了海滨上的清静。美而不静便至少失去一半的美。最使我看不惯的是那些喝醉的外国水兵与差不多是裸体的，而没有曲线美的妓女。秋天，游人都走开，这地方反倒更可爱些。

　　不过，秋天一定要住北平。天堂是什么样子，我不晓得，但是从我的生活经验去判断，北平之秋便是天堂。论天气，不冷不热。论吃食，苹果，梨，柿，枣，葡萄，都每样有若干种。至于北平特产的小白梨与大白海棠，恐怕就是乐园中的禁果吧，连亚当与夏娃见了，也必滴下口水来！果子而外，羊肉正肥，高粱红的螃蟹刚好下市，而良乡的栗子也香闻十里。论花草，菊花种类之多，花式之奇，可以甲天下。西山有红叶可见，北海可以划船——虽然荷花已残，荷叶可还有一片清香。衣食住行，在北平的秋天，是没有一项不使人满意的。即使没有余钱买菊吃蟹，一两毛钱还可以爆二两羊肉，弄一小壶佛手露啊！

冬天，我还没有打好主意，香港很暖和，适于我这贫血怕冷的人去住，但是"洋味"太重，我不高兴去。广州，我没有到过，无从判断。成都或者相当的合适，虽然并不怎样和暖，可是为了水仙，素心腊梅，各色的茶花，与红梅绿梅，仿佛就受一点寒冷，也颇值得去了。昆明的花也多，而且天气比成都好，可是旧书铺与精美而便宜的小吃食远不及成都的那么多，专看花而没有书读似乎也差点事。好吧，就暂时这么规定：冬天不住成都便住昆明吧。

在抗战中，我没能发了国难财。我想，抗战结束以后，我必能阔起来，唯一的原因是我是在这里说梦。既然阔起来，我就能在杭州，青城山，北山，成都，都盖起一所中式的小三合房，自己住三间，其余的留给友人们住。房后都有起码是二亩大的一个花园，种满了花草；住客有随便折花的，便毫不客气地赶出去。青岛与昆明也各建小房一所，作为候补住宅。各处的小宅，不管是什么材料盖成的，一律叫作"不会草堂"——在抗战中，开会开够了，所以永远"不会"。

那时候，飞机一定很方便，我想四季搬家也许不至于受多大苦处的。假若那时候飞机减价，一二百元就能买一架的话，我就自备一架，择黄道吉日慢慢地飞行。

朗诵提示：

每个中国人都有一个关于居住的梦想，老舍的《住的梦》文章发表于1945年，老舍在抗战期间，由于战火连绵，居无定所，居住条件非常艰苦，因此有了关于居住的梦想，憧憬着战争结束以后的平静而诗意的生活，这也成了在战火中的人们对于美好生活的梦想。作者憧憬并描绘了战争结束后自己应该去居住的地方，正如他自己说的："不管这样住的梦想能否成为事实，说出来总是好玩的。"想象丰富，生动有趣。朗读时整体基调轻松愉快，如同把自己展开的奇思妙想饶有兴趣地与人畅谈。朗读中节奏舒缓，声音柔和，可随情感变化而加快节奏与语速，力求一气呵成。

材料 15：

紫藤萝瀑布

宗　璞

我不由得停住了脚步。

从未见过开得这样盛的藤萝，只见一片辉煌的淡紫色，像一条瀑布，从空中垂下，不见其发端，也不见其终极。只是深深浅浅的紫，仿佛在流动，在欢笑，在不停地生长。紫色的大条幅上，泛着点点银光，就像迸溅的水花。仔细看时，才知那是每一朵紫花中的最浅淡的部分，在和阳光互相挑逗。

这里春红已谢，没有赏花的人群，也没有蜂围蝶阵。有的就是这一树闪光的、盛开的藤萝。花朵儿一串挨着一串，一朵接着一朵，彼此推着挤着，好不活泼热闹！

"我在开花！"它们在笑。

"我在开花！"它们嚷嚷。

每一穗花都是上面的盛开、下面的待放。颜色便上浅下深，好像那紫色沉淀下来了，沉淀在最嫩最小的花苞里。每一朵盛开的花像是一个小小的张满了的帆，帆下带着尖底的舱，船舱鼓鼓的，又像一个忍俊不禁的笑容，就要绽开似的。那里装的是什么仙露琼浆？我凑上去，想摘一朵。

但是我没有摘。我没有摘花的习惯。我只是伫立凝望，觉得这一条紫藤萝瀑布不只在我眼前，也在我心上缓缓流过。流着流着，它带走了这些时一直压在我心上的焦虑和悲痛，那是关于生死谜、手足情的。我浸在这繁密的花朵的光辉中，别的一切暂时都不存在，有的只是精神的宁静和生的喜悦。

这里除了光彩，还有淡淡的芳香，香气似乎也是浅紫色的，梦幻一般轻轻地笼罩着我。忽然记起十多年前家门外也曾有过一大株紫藤萝，它依傍一株枯槐爬得很高，但花朵从来都稀落，东一穗西一串伶仃地挂在树梢，好像在试探什么。后来索性连那稀零的花串也没有了。园中别的紫藤花架也都拆掉，改种了果树。那时的说法是，花和生活腐化有什么必然关系。我曾遗憾地想：这里再看不见藤萝花了。

过了这么多年，藤萝又开花了，而且开得这样盛，这样密，紫色的瀑布遮住了粗壮的盘虬卧龙般的枝干，不断地流着、流着，流向人的心底。

花和人都会遇到各种各样的不幸，但是生命的长河是无止境的。我抚摸了一下那小小的紫色的花舱，那里满装生命的酒酿，它张满了帆，在这闪光的花的河流上航行。它是万花中的一朵，也正是一朵朵花，组成了万花灿烂的流动的瀑布。

在这浅紫色的光辉和浅紫色的芳香中，我不觉加快了脚步。

朗诵提示：

作者宗璞一家在"文革"中受到严重迫害，压抑、痛苦的情绪一直压在作者的心头。这篇文章写于1982年5月，当时作者的小弟弟身患绝症，作者非常悲痛，徘徊于庭院中，忽然见一树盛开的紫藤萝花，自然的生命给了作者极大的安慰和感动，作者观察这一树的花，内心似乎忽然得到顿悟，看到这花儿的生命过程，感悟到人生如同一个自然的生命一样，有盛有衰，作者内心顿时像得到某种释怀，睹物释怀，转悲为喜。紫藤萝瀑布，是新时期之初枯木逢春的写照，作者的心曲正是那时候人们的心声。

文章首尾呼应，过渡自然，意境深远。朗读中，节奏舒缓，语气平实而坚定。文章二、六两个自然段写紫藤萝花的色彩，朗读时要抓住其繁茂和蓬勃的特点加以表现，朗读第二自然段时节奏可稍快，表现出作者的喜悦和赞美之情，朗读第三自然段回忆部分时语气应该低沉而悲伤，朗读第六自然段时则语速放慢，表现作者的感慨之情，注意文中抒情和议论的处理，达到画龙点睛，突出中心的目的，听来耐人寻味，引人深思。

三、小故事、小说片段

小说或故事是展现人物或故事情节，在小说或小故事的演播中，语言一般可分为叙述语言和人物语言两大类。

（一）交代清晰，传达"事件和人物"信息

叙述语言的首要功能就是讲清楚故事，对于小说中任何的事物、景物、人物都不要陷入描述的细节而影响叙述的力量。叙述清晰、明确，达到叙述语言的目的，让听众听明白故事、事件、情节，是叙述语言的首要任务。

（二）层次转换，协调好讲述和"人物语言"关系

人物对话前的叙述，要向听众介绍清楚人物关系，对话原因，对话的语境、气氛和人物心理。对话中的叙述，表现人物对话内心活动、形体动作，互相刺激和应对的心理活动，演播时要抓住相关动作、心理和表情，并注意对话中人物的交流和反应，刻画好各种感情和心理活动，对塑造人物、展现情节有重要推动作用。叙述语言和人物语言要注意有层次转换，叙述人身份的语言和人物语言语调语气都要有所区别。注意人物语言不可过于追求生动形象，完全流入表演，而求其神舍其形，不要破坏叙述基本调子。

（三）有情地讲述，有别"纯客观"的描述

小说中的叙述语言，应该带有作家的情感体验和价值判断，而不是纯客观的描述。叙述者的身份是一个知道小说内情的"知情人"，这个知情人对小说所描述的环境、情节、人物有自己的判断和情感体验，并且小说的讲述者乐于把这种情感体验与他人分享。

（四）作品定调，符合作家语言风格

叙述语言是作家以"知情人"的身份来向别人讲述一个故事，展开情节，塑造人物。不同的作者在叙述的遣词造句中表现出不同的语言风格，比如说鲁迅语言的冷峻凝练，巴金的热情坦率，老舍语言京味十足，孙犁语言的自然清新，王蒙语言灵动洒脱……如此等等都会在小说的叙述语言中体现出来。演播叙述语言的基本的语调和语气应该体现出作家语言风格和语言特点，在演播口语中播出文字语言本身的风格和风范。

（五）分析人物个性、找准人物基调

人物基调就是人物的个性的基本特征和风格特点。找准人物基调能使我们迅速抓住人物本质，人物的性格形象就鲜明地跃然眼前。小说中塑造的艺术形象是具有典型意义的艺术形象，也就是具有代表性和个性特征的人物形象，具有更鲜明、更浓缩、更集中的特性。确立小说人物基调，是给人物性格定调和语言风格定调的第一步，确立了这个主要的风格和调子，也就抓住了"这个"人物不同于他人的基本性格和精神实质。

（六）声音形象造型，语言写意传神

我们要分析一个人物的语言状况和声音形象，首先考虑性别和年龄段。比如男性形象，从年龄段来看分为孩童、少年、青年、中年，演播者要确定其在哪一个年龄段上才能大致确定其语言面貌：孩童声音稚嫩，说话奶声奶气；少年愣头愣脑；青年青春阳光，声音昂扬清澈；中年成熟理智，声音浑厚稳健；老年体力逐渐衰退……当演播者确定大致年龄段后还要具体分析，不能一概而论。

（七）进入规定情境，内外情境制约

规定情境，是人物活动所置身的具体环境和面临的各种实际情况，以及艺术家们在二度创作中对剧本和演出所做的大量内容补充，比如时间、地点、情节、环境、人物关系、事件发生的背景和原因等，规定情境是人物展开行动的依据和条件，演播者在对小说文字进行深入体验的时候，会对小说描绘的场景、人物、情节做大量的想象和生活情景还原与再现，这样的体会和感受越具体、深入，演播的语言就越生动鲜明，恰如其分。

（八）一人分饰多角，换位生动交流

不同的人物的语言要符合自身的身份和个性，做到人物语言个性鲜明。人物的语言，反映人物的思想情感和深层性格，不同性格的人，对同一事物的看法、态度不同，由此发出的言语内容和言语情绪状态也不尽相同。在人物对话中，演播者有身份的转换，要灵活自如并给听众以想象的空间。在小说中有同一性别、同一年龄段的人物对话，要注意从语言节奏、语气语调、共鸣点上区分不同人物的个性和声音形象，以免从听觉上产生混淆。

练习材料

材料 1：

寓言《三只小鸟》

有三只小鸟，它们一起出生，又一起长大，又一起从鸟巢里飞出去，一起寻找成家立业的位置。

它们很快便飞到一座小山上。一只小鸟落到一棵树上说："哎呀，这里真好，真高。你们看那成群的鸡鸭牛羊，甚至大名鼎鼎的千里马都在羡慕地向我仰望呢，能够生活在这里，我们应该满足了。"另两只小鸟失望地摇了摇头说："好吧，你既然满足，就留在这里吧，我们还想再到高处看看。"

这两只小鸟飞呀飞呀，终于飞到了五彩斑斓的云彩里。其中一只陶醉了，情不自禁地引吭高歌，它沾沾自喜地说："我不想再飞了，这辈子能飞上云端，你不觉得已经十分了不起了吗？"另一只很难过地说："不，我坚信一定还有更高的境界。遗憾的是，现在我只能独自去追求了。"

说完，它振翅翱翔，向着九霄，向着太阳，执着地飞去……

最后，落在树上的成了麻雀，留在云端的成了大雁，飞向太阳的成了雄鹰。

朗诵提示：

寓言故事是含有讽喻或明显教育意义的故事。它的结构简短，多用借喻手法，使富有教育意义的主题或深刻的道理在简单的故事中体现。用假托的故事或拟人手法说明某个道理或教训。在这篇寓言故事当中，我们应分角色刻画，三只小鸟作为主人公性格都不相同，应用不同的语调语气来划分开。朗诵的同时也要注意故事的寓意，要表达出故事的深刻含义，告诫人们不能安于现状，应该敢于探索更广阔的天地。

材料2：

寓言《猴子吃西瓜》

猴王找到了一个大西瓜，但是，不知道西瓜的吃法。有心请教别人吧，又显得自己太无知了。"这……哎！有了！"

猴王想出了一个妙计。他把猴子猴孙那一大群猴儿召集到一块儿。猴王说："今天我把你们请来吃西瓜。可是我要先考考你们这西瓜的吃法，谁说对了就多吃一份，谁要是说错了，就要受罚的。"

小毛猴听了，搔了搔腮说："我知道，我知道，西瓜是吃瓤儿！"

"不对！"一只短尾巴猴说："上次我到姑姑家吃过甜瓜，甜瓜是吃皮的。我想甜瓜是瓜，西瓜也是瓜，总而言之瓜是吃皮啦！"

"吃西瓜吃瓤！"

"不对，西瓜是吃皮的！"

"这……"猴王不知谁是谁非，就把目光转到了年岁最大的老猴身上。

老猴一看，大家的目光都集中到自己身上，就哆哆嗦嗦地站起来，说话了："这个这个……这西瓜当然……是吃皮的啦！我之所以老而不死，就是吃了西瓜皮的缘故！"

听老猴这么一说，猴子们都喊叫起来："对，吃西瓜吃皮！吃西瓜吃皮！"

猴王一看大家都说西瓜是吃皮，他也就大着胆子对大家说："你们大家说得都对，吃西瓜是吃皮。哼，只有小毛猴说错了，那就让它吃瓤，我们大家都吃西瓜皮。"说着拿起刀"扑"地一下把西瓜剖开。

吃着吃着，一只小猴子觉得不是味儿，捅了捅旁边的猴子说："哎，我说，这东西怎么不好吃呀？"

"那，那是你吃不惯。我过去常吃西瓜，西瓜嘛，就是这个味儿。"

朗诵提示：

首先这是一则寓言故事，寓言需要注意的就是：首先在表达时要善于通过简单的文字表面挖掘出内在蕴含的意味。其次在刻画时要注意人物的区分度，比如文中的猴王应该有一定威望，要面子；小毛猴心直口快；短尾巴猴憨态愚笨；老猴弱不禁风、逞强等都需要设计自己的声音使其服务于内容表述出来。同时相同的人物在不同状态场合下的语气变化也需要注意，如窃窃私语的，自言自语的，当众发言的等，需要贴近生活而高于生活。

材料 3：

寓言《狐假虎威》

有一天，一只老虎正在深山老林里转悠，突然发现了一只狐狸，便迅速抓住了它，心想今天的午餐又可以美美地享受一顿了。狐狸生性狡猾，它知道今天被老虎逮住以后，前景一定不妙，于是就编出一个谎言，对老虎说："我是天帝派到山林中来当百兽之王的，你要是吃了我，天帝是不会饶恕你的。"老虎对狐狸的话将信将疑，便问："你当百兽之王，有何证据？"狐狸赶紧说："你如果不相信我的话，可以随我到山林中去走一走，我让你亲眼看看百兽对我望而生畏的样子。"老虎想这倒也是个办法，于是就让狐狸在前面带路，自己尾随其后，一道向山林的深处走去。森林中的野兔、山羊、花鹿、黑熊等各种兽类远远地看见老虎来了，一个个都吓得魂飞魄散，纷纷夺路逃命。转了一圈之后，狐狸洋洋得意地对老虎说道："现在你该看到了吧？森林中的百兽，有谁敢不怕我？"

老虎并不知道百兽害怕的正是它自己，反而因此相信了狐狸的谎言。狐狸不仅躲过了被吃的厄运，而且还在百兽面前大抖了一回威风。对于那些像狐狸一样仗势欺人的人，我们应当学会识破他们的伎俩。

朗诵提示：

这则寓言讲述了狐狸假借老虎的威势吓唬其他野兽，用来比喻仰仗或倚仗别人的权势来欺压、恐吓人。在结尾时点明了寓言的主旨大意。表达时要注意塑造狐狸的性格特点，心里活动和声音形象。狐狸是狡猾的，当它发现自己要被老虎吃掉的时候内心是十分恐惧的，但是它假装镇定还撒了谎，表达时要注意狐狸的心理，恐惧又不能显露出来，声音体现狡诈，在语气中可以夸大其词，夹杂虚声和假声。狐狸仗势欺人后的语言洋洋得意，语势上扬拉长。结尾点明主旨富有寓意，语气点明真相，警示人们平时要学会辨别狡猾奸诈人的伎俩。

材料4：

寓言《狼和大象》

有一只狼住在一个窝棚里，它从来也不修理，也不打扫，所以这个窝棚又破又脏，一碰就倒。一天，一只大象从狼的住处旁边经过，它的大耳朵呼扇呼扇地碰了窝棚一下，窝棚就倾斜了。"真对不起，朋友！"大象对狼抱歉地说，"我不是有意的。马上就把它修好。"大象真有本事，它拿起锤子、钉子就动起手来。不一会儿就修好了，窝棚比以前结实多了。"哦！"狼心中暗想，"看来它是怕我呀！先是向我道歉，然后就动手给我修窝棚。我何不趁此机会让它再给盖一座新房子呢！""站住！"狼大声吆喝道，"你这算怎么回事？你以为我是好欺负的？你把我的窝棚撞坏了，马马虎虎用钉子钉几下就想完事，没那么便宜，得给我盖一座新房子！不然要好好教训一顿。"听完这番话，大象一声没吭，它不费吹灰之力，用鼻子把狼卷起来，一下子扔进了臭水坑里，然后一抬脚把房子踢了个粉碎。"这就是你的新房子!"大象说完就头也不回地走了。"哎!怎么一点也听不明白!"狼倒在臭水坑里,四脚朝天,翻着眼珠。"你这个蠢货!"这一切让乌鸦看在眼里,它对狼说,"把别人对你的尊敬当成软弱可欺,就该受到惩罚。"

朗诵提示:

在寓言故事的稿件播读过程中,我们要注意播讲的对象感要强烈,因为我们是在给别人讲故事,一旦失去了对象感,故事就无法吸引到他人。这篇稿件中的角色语言比例很重,朗读时要注意处理好,不必下意识地去模仿动物的声音,只需要根据角色不同的性格特点、语言特色,将角色区分开来即可。如大象的声音可以稳重一些,语速稍慢;而狼有自己的小心思,可以表现得狡猾一些;最后的乌鸦作为道理的讲述者,可以在语气上表现出对狼的鄙夷,并且通过对角色动作的分析,来确定角色语言高低、轻重、缓急。

材料5:

寓言《狐狸艾克的故事:谎话学校》

狐狸艾克办起了一所"谎话学校",就是学说谎的学校。当然,这所学校是不对外招生的。招的全是狐狸家族的成员。狐狸艾克认为:说谎是一种了不起的本领,因此要保密,不传人。

艾克对学生要求很严,一入学就不准讲真话,谁要是讲了真话,谁就是"差等生";谁尽撒谎,谁就是"高才生"。"差等生",每学期要交两只鸡给艾克,一只是本分的,一只代"高才生"交的,当作学费。

学校刚开学的时候,"差等生"多,这样艾克赚到了许多鸡,它把一时吃不了的鸡藏在地窖里。

因为立下了这么一条校规,谁还愿意当"差等生"啊?同学们勤奋学习起来,一个个变得谎话连篇。但是,如果学校没有"差等生"了,艾克那还有鸡吃啊，因此，每个学期结束啊，艾克总要把一半学生划为"差等生"，他地窖的鸡总有一定数量。

临毕业的时候，一桩盗窃案发生了，艾克地窖里藏的鸡全被偷光了。艾克把学生全召到教室，大发脾气："啊，这件事是谁干的？"学生们个个有撒弥天大谎的本领，还对付不了这样的问话呀，它们都说："不是我干的，不是我干的……"

艾克是老师，学生的谎话怎么能瞒得过它呢？它小眼骨碌一转："哼，你们说的都是谎话。"学生一听急了。"恩，我们说的都是真话。"艾克忍不住笑了："哈……既然你们承认说的都是真话，那么你们通通都是'差等生'。我宣布谁也不能毕业。""啊?! 谁也不能毕业。"大家通通都是差等生了就都得献给艾克两只鸡啊，这些丢的鸡就全补回来了，艾克的算盘打得可精了。

可谁知啊，狐狸的学生一个个小眼睛转得比老师还快，它们稍一嘀咕，就齐声喊了起来："啊，你是谎话大王，你说我们都不能毕业。噢，我们毕业喽……"它们一窝蜂冲上讲台，每人抢了一张毕业文凭就一哄而散了。

艾克懊丧地关闭了"谎话学校"，从此再也不愿提它了，艾克真是自食其果啊。

朗诵提示：

寓言一般具有拟人的修辞手法，从而达到教育和劝诫的目的。所以要把握寓言的人物形象，"狐狸"是狡猾、诡计多端、谎话连篇的，要用有声语言塑造人物的性格特点。还要明确对象感，跟谁说？说什么？怎么说？用讲述的语言，将故事娓娓道来，阐明其中的哲理。还要有画面感，用夸张的手法刻画人物，"它小眼骨碌一转：哼，你们说的都是谎话。"学生一听急了。"恩，我们说的都是真话。"艾克忍不住笑了："哈……既然你们承认说的都是真话，那么你们通通都是'差等生'。我宣布谁也不能毕业。""啊?! 谁也不能毕业。"大家通通都是差等生了就都得献给艾克两只鸡啊，这些丢的鸡就全补回来了。把其中的画面和人物对话用恰当的语气表现出来，语言幽默、语调轻松，又不失讽刺意味。最后点明寓意，气定神闲地说出最后的道理，把最后这句"艾克懊丧地关闭了'谎话学校'，从此再也不愿提它了，艾克真是自食其果啊。"读出哲理，引发思考。

材料6：

小故事《自作聪明的墨鱼》

海里有一种长得弯弯曲曲的动物，它的名字叫作墨鱼。墨鱼每天在海里游来游去，常常会遇见敌人。有一次，它撞上了一条正在觅食的大鲨鱼。大鲨鱼正饿得发慌，一见了这肥美的墨鱼，不禁喜从心起，它露出一口锋利的白牙齿，气势汹汹地向墨鱼直冲过来，要是真的打起来，墨鱼哪里是鲨鱼的对手，可就是想逃，它也游不过鲨鱼，怎么办呢？

墨鱼自有它的一套本领。原来墨鱼肚子里有个墨囊，这会儿它赶紧把里面的墨汁全挤出来，它周围的海水顿时漆黑一片。大鲨鱼不提防，一头撞了进去，什么也看不见，乱冲乱闯，墨鱼趁机溜掉了。

这下，墨鱼得意极了。它游到温暖的浅海处，沾沾自喜地想：我真是本领高强，看来有这护身法宝，什么都不用怕了。

正想着，墨鱼一眼看见不远处有父子俩正在捕鱼，心里一阵惊慌：呀，要赶紧想办法把自己藏起来，不然叫他们看见就糟了。于是它又放出墨汁将身边的一片海水染黑。这一放不打紧，老渔人本没有注意到这边，忽然见到海水变黑了，高兴地对儿子说："快看，那边一定是墨鱼！"于是父子俩顺着墨迹追过去，轻而易举地将这条自作聪明的墨鱼抓到了手。

墨鱼没有考虑到情况的变化，便将小聪明胡乱施展一气，反而暴露了目标而被捕获，这可真是"聪明反被聪明误"啊。

朗诵提示：

这篇文章是一则寓言故事，作者以墨鱼的视角给我们讲了它在面对两个不同的危险情况时，所做出的决定和判断的故事，告诉了我们聪明是如何反被聪明误了的。所以我们在讲这篇文章时，把握好墨鱼在面对两个不同险境前后的心态。面对大鲨鱼的时候，因为陷入困境，激发出了自己在逆境中的奋力一搏，最终成功脱险，在这第一次遇险时，要读出墨鱼的那种焦急，紧张感，为后面墨鱼的机智逃生做铺垫。第二次遇险其实渔夫并没有看到墨鱼，结果墨鱼自作聪明，最后葬送了自己的性命，所以在第二次读的时候要把墨鱼自作聪明的那种小心思读出来，要带一点点自负，自满的情绪在其中。

材料 7：

《小狗包弟》选段

1962 年我们夫妇带着孩子在广州过了春节，回到上海，听妹妹们说，我们在广州的时候，睡房门紧闭，包弟每天清早守在房门口等候我们出来。它天天这样，从不厌倦。它看见我们回来，特别是看到萧珊，不住地摇头摆尾，那种高兴、亲热的样子，现在想起来我还很感动，我仿佛又听见由起女士的问话："您的小狗怎样？"

"您的小狗怎样？"倘使我能够再见到那位日本女作家，她一定会拿同样的一句话问我。她的关心是不会减少的。然而我已经没有小狗了。//（第一层）

1966 年 8 月下旬红卫兵开始上街抄四旧的时候，包弟变成了我们家的一个大包袱，晚上附近的小孩时常打门大喊大嚷，说是要杀小狗。听见包弟尖声吠叫，我就胆战心惊，害怕这种叫声会把抄四旧的红卫兵引到我家里来。

当时我已经处于半靠边的状态，傍晚我们在院子里乘凉，孩子们都劝我把包弟送走，我请我的大妹妹设法。可是在这时节谁愿意接受这样的礼物呢？据说只好送给医院由科研人员拿来做实验用，我们不愿意。以前看见包弟作揖，我就想笑，这些天我在机关学习后回家，包弟向我作揖讨东西吃，我却暗暗地流泪。

形势越来越紧。我们隔壁住着一位年老的工商业者，原先是某工厂的老板，住屋是他自己修建的，同我的院子只隔了一道竹篱。有人到他家去抄四旧了。隔壁人家的一动一静，我们听得清清楚楚，从篱笆缝里也看得见一些情况。这个晚上附近小孩几次打门捉小狗，幸而包弟不曾出来乱叫，也没有给捉了去。这是我六十多年来第一次看见抄家，人们拿着东西进进出出，一些人在大声叱骂，有人摔破坛坛罐罐。这情景实在可怕。十多天来我就睡不好觉，这一夜我想得更多，同萧珊谈起包弟的事情，我们最后决定把包弟送到医院去，交给我的大妹妹去办。//（第二层）

包弟送走后，我下班回家，听不见狗叫声，看不见包弟向我作揖、跟着我进屋，我反而感到轻松，真是一种甩掉包袱的感觉。但是在我吞了两片眠尔通、上床许久还不能入睡的时候，我不由自主地想到了包弟，想来想去，我又觉得我不但不曾甩掉什么，反而背上了更加沉重的包袱。在我眼前出现的不是摇头摆尾、连连作揖的小狗，而是躺在解剖桌上给割开肚皮的包弟。我再往下想，不仅是小狗包弟，连我自己也在受解剖。不能保护一条小狗，我感到羞耻；为了想保全自己，我把包弟送到解剖桌上，我瞧不起自己，我不能原谅自己！我就这样可耻地开始了十年浩劫中逆来顺受的苦难生活。一方面责备自己，另一方面又想保全自己，不要让一家人跟自己一起坠入地狱。我自己终于也变成了包弟，没有死在解剖桌上，倒是我的幸运……//（第三层）

整整十三年零五个月过去了。我仍然住在这所楼房里，每天清早我在院子里散步，脚下是一片衰草，竹篱笆换成了无缝的砖墙。我想念过去同我一起散步的人，在绿草如茵的时节，她常常弯着身子，或者坐在地上拔除杂草，在午饭前后她有时逗着包弟玩。……我好像做了一场大梦。满身的创伤使我的心仿佛又给放在油锅里熬煎。这样的熬煎是不会有终结的，除非我给自己过去十年的苦难生活作了总结，还清了心灵上的欠债。这绝不是容易的事。那么我今后的日子不会是好过的吧。但是那十年我也活过来了。即使在"说谎成风"的时期，人对自己也不会讲假话，何况在今

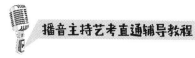

天？我不怕大家嘲笑，我要说：我怀念包弟，我想向它表示歉意。//（最后一层）

朗诵提示：

《小狗包弟》讲的是作者在"文革"特殊时期将狗送到科研室解剖后的自我忏悔。选取的文章后半部分较为压抑，情感变化较为复杂，所以不能单一片面地看待整个选段，情绪要融入作者的情感变化。选段以回忆日本女作家对包弟的挂念与问候"您的小狗怎样？"为转折点，引出"作者已经没有小狗了"，引起读者的关注。处理两个句式一样的"你的小狗怎样"要完全不一样，第一句话是回忆，应模仿日本女作家的语气语调，怀着愉悦的心情急切的问候，语气轻松活跃，语速偏快。而第二句应急转，语气低沉，语速节奏放缓，贴合作者失去小狗的心境。至此，作者情感发生巨大转变。第二层作者彻底陷入了回忆"文革"的"动乱苦难"岁月，此阶段注重体现时间的推移，交代时间点要清楚，其次处理重点动词要鲜明（如杀小狗、尖声吠叫、抄四旧、抄家、引到家里来……）。突出特殊时节下的环境背景，一连串强烈的语气、情感递推，直至说出不得已送出狗。最后两层要有个体细腻的感受，通过二度创作以极高的贴合度传达作者所思所想，真正以第一人称"我"来叙事抒情。"我瞧不起自己，我不能原谅自己！"这句话的处理要体现"我"的心理转折、情感认知变化。咬字要准确有力，表现对自己行为的极度厌恶。自此，作者陷入了内心的挣扎与煎熬之中。妻子因病离世更加剧了作者的孤寂，陷入无法挣脱的自责之中。但最后作者又归于平静，敢于面对生活的一切煎熬与苦难，并勇敢地向小狗致歉。末段，要将作者发自肺腑的歉意低沉而有力地表达出来。引发听者的思考，产生情感共鸣。

材料8：

散文《青衣》

自古到今，唱青衣的人成百上千，但真正领悟了青衣意韵的极少。

筱燕秋是个天生的青衣胚子。二十年前，京剧《奔月》的演出，让人们认识了一个真正的嫦娥。可造化弄人，此后她沉寂了二十年，在远离舞台的戏校里教书。学生春来的出现让筱燕秋重新看到了当年的自己。二十年后，《奔月》复排，这对师生成了嫦娥的 AB 角。把命都给了嫦娥的筱燕秋一口气演了四场，她不让给春来，谁劝都没用。可第五场，她来晚了。筱燕秋冲进化妆间的时候，春来已经上好了妆。她们对视了一眼，都没有开口。筱燕秋一把抓住化妆师，她想大声告诉化妆师，她想告诉每一个人，"我才是嫦娥，只有我才是嫦娥"，但是她没有说，她现在只会抖动嘴唇，不会说话。

上了妆的春来真是比天仙还要美，她才是嫦娥，这个世上没有嫦娥，化妆师给谁上妆，谁就是嫦娥。大幕拉开，锣鼓响起来了，筱燕秋目送着春来走向了上场门。筱燕秋知道，她的嫦娥在她四十岁的那个雪夜，真的死了。

观众承认了春来，掌声和喝彩声就是最好的证明。筱燕秋无声地坐在化妆台前，她望着自己，目光像秋夜的月光，汪汪地散了一地。她一点都不知道自己做了些什么，她拿起青衣给自己披上，取过肉色底彩，挤在左手的掌心，均匀地一点一点往手上抹，往脖子上抹，往脸上抹……她请化妆师给她调眉，包头，上齐眉穗，戴头套，镇定自若地、出奇地安静。

筱燕秋并没有说什么，只是拉开了门，往门外走去。筱燕秋穿着一身薄薄的戏装走进了风雪，她来到了剧场的大门口，站在了路灯下面，她看了大雪中的马路一眼，自己给自己数起了板眼。她开始了唱，她唱的依旧是二簧慢板转原板、转流水、转高腔。

雪花在飞舞，戏场门口，人越来越多，车越来越挤，但没有一点声音。筱燕秋旁若无人，边舞边唱。她要给天唱，给地唱，给她心中的观众唱。筱燕秋的告别演出轰轰烈烈地结束了。人的一生其实就是不断地失去自己挚爱的过程，而且是永远的失去，这是每个人必经的巨大伤痛，而我们从筱燕秋的微笑中看到了她的释怀，看到了她的执着和期盼。

生活中充满了失望和希望，失望在先，希望在后，有希望就不是悲！

朗诵提示：

《青衣》是历年艺考生选取的热门篇目，各院校考官对这篇经典散文十分熟悉。如何旧瓶装新酒，情感表达真挚自然是关键。准确把握筱燕秋的角色定位，融入其中，处理要有明显的起伏变化，切勿语式僵直不起。追随筱燕秋从《奔月》主角——错失演出机会——与嫦娥角色永别，内心变化由惊愕气愤——绝望失落——淡然接受。文中表现筱燕秋动作的词语极多，如第四段要运用音强、音长、语气、语调有效处理动词"拿起、取过、挤、抹"等，体现动作的运动方位变化及人物状态。旁白部分则要走出角色，回归相对客观的状态，给以人生思考和启迪，但也切勿陷入固化定向的语言处理程式化模式。

材料9：

小故事《福妮儿》

秋收时节，鲁南山区的小村里降生了一个小女孩。沉浸在丰收喜悦中的爸爸，望着场院上金灿灿的麦穗笑着说："咱妮儿有福，就叫福妮儿吧！"

转眼七个年头过去了，小福妮儿到了上学的年龄，望着村里一样大的小伙伴们都背上了书包，小福妮儿对妈妈嚷道："娘，我要上学，我要读书！"可是小福妮儿哪里知道，爷爷去世时欠了一屁股的债，爸爸上山砍石又砸伤了双腿，家里生活的重担都落在妈妈一个人的肩上。妈妈不忍心让女儿失望，抚摸着福妮儿那齐耳的短发说："福妮儿啊，啥时候你的头发长到齐腰那么长，娘就送你去上学，啊！"

盼啊，盼啊，小福妮儿在企盼中又渡过了两个年头，当她终于发现自己拥用一头齐腰的长发时，她再也按捺不住喜悦的心情对妈妈喊道："娘，你看我的头发，我可以上学读书了！"

妈妈再也不忍心欺骗天真的女儿了，她一把抓起篮子向山上走去，那正是酸枣成熟的季节，漫山遍野都是红红的耀眼的酸枣，妈妈采啊采，摘啊摘，突然她眼前一黑，从山上掉了下去！

当人们把她抬回村子时，小福妮儿趴在妈妈的身上哭道："娘，我再也不上学了，我不读书了，娘——"

在通往城里的路上，走着一个梳着短发的女孩儿，手里托着一条长长的辫子，两眼呆呆的望着前方，有人说："那就是福妮儿！"

朗诵提示：

《福妮儿》这篇文章虽然篇幅不长，却有感情的对比转换，悲情色彩是一点点加深的。同时，注意在总体节奏型的宏观控制下，相反节奏型在个别处的对比控制。文章叙述了悲情的故事，开篇"沉浸在丰收喜悦中的爸爸，望着场院上金灿灿的麦穗笑着说：咱妮儿有福，就叫福妮儿吧！"不可表现得太过喜悦高兴。文中"小福妮儿趴在妈妈的身上哭道：'娘，我再也不上学了，我不读书了，娘——'"要有真情实感，不能只靠技巧求"哭调"，要触景生情，让情感体验不断地强化、升腾，演化出强烈外射的欲望，产生播讲愿望。

材料 10：

小故事《未上锁的门》

在苏格兰的格拉斯哥，一个小女孩像今天许多年轻人一样，厌倦了枯燥的家庭生活和父母的管制。

她离开了家，决心要做世界名人。可不久，她每次满怀希望求职时，都被无情地拒绝了。许多年过去了，她的父亲死了，母亲也老了，可她仍在泥沼中醉生梦死。期间，母女从没有什么联系。可当母亲听说女儿的下落后，就不辞辛苦地找遍全城的每个街区，每条街道。她每到一个收容所，都停下脚步，哀求道："请让我把这一幅画贴在这儿，好吗？"画上是一位面带微笑、满头白发的母亲，下面有一行手写的字："我仍然爱着你……快回家!"

几个月后，没有什么变化，桀骜的女孩懒洋洋地晃进一家收容所，那儿，正等着她的是一份免费午餐。她排着队，心不在焉，双眼漫无目的地从告示栏里随意扫过。就在那一瞬，她看到一张熟悉的面孔："那会是我的母亲吗?"她挤出人群，上前观看。不错! 那就是她的母亲，底下有行字："我仍然爱着你……快回家!"她站在画前，泣不成声。这会是真的吗? 这时，天已黑了下来，但她不顾一切地向家奔去。当她赶到家的时候，已经是凌晨了。站在门口，任性的女儿，迟疑了一下，该不该进去? 终于她敲响了门，奇怪! 门自己开了，怎么没锁?! 不好，一定有贼闯了进去，记挂着母亲的安危，她三步并作两步冲进卧室，却发现母亲正安然地睡觉。她把母亲摇醒，喊道："是我! 是我! 女儿回来了!"母亲不敢相信自己的眼睛。她擦干眼泪，果真是女儿。娘儿俩紧紧抱在一起，女儿问："门怎么没有锁? 我还以为有贼闯了进来。"母亲柔柔地说："自打你离家后，这扇门再也没有上锁。"

朗诵提示:

这篇作品具有典型的教育意义。也许，生活中我们会和母亲产生矛盾，要么像文章中的女孩一样不服母亲的管教，要么因为某件事情不符合自己的心愿而赌气离家出走，有的甚至发誓说："我永远不会回来了。"其实，说这话的人终究是要后悔的。家门会永远向自己的子女敞开，母亲永远牵挂她的儿女。全篇叙事状态，温柔平和，在处理该篇稿件时，应缓慢叙事，用生活化的状态和语言表达出人物细腻的感情。难点在于人物对话，应在符合人物角色的语气状态中准确把握表达。

第四章

指定稿件

指定稿件播读的文体类型一般有新闻消息类、文艺性稿件类。文艺性稿件播读我们在前面已经介绍了，这里着重介绍新闻消息的播读。

一、新闻播音的要点

（一）读出新意，彰显价值

新闻是新近发生的事实的报道。信息技术传播技术的高速发展为新闻事实报道的快捷提供了便利。很多新闻事实，不是新近发生，而是正在发生事实的报道。现在很多新媒体、自媒体，也为新闻事实的传播提供便利快捷的渠道。信息的传播在当代比历史上任何时候都迅速快捷，我们正处在一个信息的时代。

新闻必须有新意，构成新闻的事实要能够满足人们为之预知应知的需要。新闻播报要及时，否则就成了旧闻，播报是为了符合及时的特点。播音员在播新闻时虽然比受众提前看到稿件，但是要想作为传播者，任务是让更多的人知道新闻，所以播报时新鲜感要强，掌握新鲜感的语言特征。新闻最为主要的特征是新，包括时间新、内容新、角度新、主题新、形式新等新意，有声语言的表达也围绕着新调动情声气的结合。

我们播出的每一条新闻都有它的价值，想一想你近期看到的新闻中有哪些内容记忆深刻？往往容易被你记住的，通常是你感兴趣的，也是收听收看新闻的人能够记住的。这其中是有新闻价值的，正因为新闻有新闻价值才吸引了我们。新闻价值是新近事实或相应作品所含新闻构成要素的总和。中国新闻学术界公认的新闻价值五要素是时新性、接近性、显著性、重要性和趣味性。时新性是指新闻新近发生并及时传播；接近性是新闻与受众接近的程度；显著性是新闻事件参与者，与其业绩的知名程度；重要性是指新闻内容的分量及其重要程度；趣味性是指受众对新闻感兴趣的程度。

（二）叙事清楚，理清结构

收听新闻播音与观看报纸类的媒体是不同的，听觉的信号转瞬即逝，受众收听一般听一遍就要了解新闻内容。这就要求播音员叙事清晰，层次分明，使听众很容易掌握所播新闻。

新闻的六个要素及五个 W。谁、事件、地点、时间、原因、结果。新闻消息的结构被称为倒金字塔式。一次可分为五部分：一标题，二导语，三主体，四背景，五结尾。除了背景的位置不肯定外，其余四个部分依次而下。由于倒金字塔式消息，每一部分都承接上一部分的发展，能够相对独立，所以从下往上截取任何部分，剩下的部分依然能够独立完成。

在这几部分中，导语是开门见山点透新闻实质的本质，引导新闻事实全面展开。导语要播得鲜明、醒目、引人。

（三）公务平台，态度鲜明

我们在这里所说的新闻传播，局限于在公共媒体、大众平台上的正规渠道的新闻传播，而非小范围和内部传播，不包括新媒体中的自媒体、个体平台。播音员的新闻播报，一般是在大众媒体平台上的权威新闻发布，播音员所代表的不是个体而是整个媒体平台，因此这时播音员就是在公务平台上的公务身份。

新闻并非事实本身，而是对事实的报道，是新闻工作者对客观事实的一种反应，播新闻是有情感的，只不过播音员的情感是以态度倾向性表现出来的。老前辈中央人民广播电台的播音员夏青曾说：播音员必须无条件地宣传党的主张，在政治上与党保持一致。新闻播音员不只是简单的实事传达，必须要对播报的事实有倾向性。态度鲜明，有倾向性，而且是不露痕迹地通过新闻事实的播报表明态度。新闻播报时做到对内容不夸大，不幸灾乐祸，不十分沉痛，不十分高兴，即感而不入。将客观作为一种技巧，播音员的语气表面上尽量含而不露，让事实去说话。在事实的表述中表明我们的倾向和态度，实现宣传目的。

（四）朴实大方，节奏明快

新闻就是用事实说话，对事实的介绍就应该用质朴大方的语言，而不能扭捏作态，丧失了可信度和公信力。新闻播音以叙事性语言为主，感情真挚，语言平实，诚实可信。如果换成别的风格，就失去了新闻事实的力量和价值。

播报新闻声音不应沉闷单调，不能松松散散，拖腔甩调。新闻语言积极明朗，语句干净利落。

（五）少停多连，语势常扬

新闻句子一般较长，书面语、专用名词术语较多，是用较为浓缩和概括的语言来介绍新近发生的事实。新闻播报的节奏明快，音色响亮不拖腔不甩腔。声音不大起大落，少停多连。声音明亮轻松，字饱满有力，语势常扬，语气明朗有兴致，节奏简捷明快顺畅。少停多连，语尾不坠，关系紧密句子要紧抱，聚在一起。

气息运用中膈肌活跃，气息带有明显的弹发跳跃。勤补气，换气无声。新闻播报时气息要顺畅灵活，不要为了追求速度一口气儿说很多的内容，这样反而会使气息僵住，气息弹发有力度，用上膈肌的力量，不要等到气息不够用时再进去，而是随着补气口鼻同时进气，换气无声。

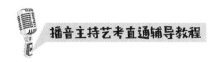

二、新闻播音练习材料

材料 1：中新网消息：中央气象台 22 号早 6 点发布寒潮预警，新疆南疆、甘肃西部、内蒙古中西部等地的部分地区降温幅度可达 14 至 18 摄氏度，内蒙古东北部、黑龙江西北部的局部地区有大到暴雪。

这一次寒潮蓝色预警预计，10 月 22 号 8 点到 24 号 8 点，新疆大部、内蒙古大部、甘肃中西部、青海北部、宁夏、陕西北部、华北北部等地将出现 6 至 12 度的降温，其中，新疆南疆、甘肃西部、内蒙古中西部等地的部分地区降温幅度可达 14 至 18 摄氏度。

播读提示：本篇新闻并列的地理位置较多，播读难点也在于此，应注意声断气连，运用曲连的方法播读，才能抑扬顿挫有起有落。还要注意时间日期的播读一定要准确，因为是时效性很强的新闻，切不可播出错误，数字要敏感，要重读或拉长来突出重点。

材料 2：新华社消息：燃油利用效率低是汽车生产厂家长期以来深感头痛的问题。即使是日本丰田公司生产的节油型油电混合动力汽车普锐斯，也仅仅只有 37% 的化学能被有效使用，其余能量变成不需要的热能、声波和摩擦阻力而浪费掉。

当比尔·盖茨和同样是亿万富翁的韦恩多·库斯拉今年 7 月宣布他们向环保发动机公司投资 2300 万美元时，立即引起了众多汽车生产厂家的注意。对此，人们并不感到奇怪。环保发动机公司位于美国密歇根州，该公司表示，其多年来致力研发的发动机有望极大提高燃油的效率，让安装新发动机的汽车突破每升油行驶 42.32 公里的目标。

今年 3 月初，在美国首都华盛顿召开的能源创新高层会议上，环保发动机公司展示了自己开发的 EM100 发动机样品。这台双汽缸 4 活塞发动机的动力可达 480 马力。比普通大马力柴油发动机的燃油效率高出 45%。

播读提示：本篇新闻比较具有专业性，对于专业性词语最好心里有数，以免出现专业性错误，在播读专业词语时应顺畅熟练，不能生疏外行，会让听众产生不信任情绪。

材料 3：新华社深圳 1 月 27 日电：记者从深圳市教育局获悉，深圳市将于 2018 年 2 月 1 日起正式施行《深圳市非深户籍人员子女接受义务教育管理办法》，不再将符合计划生育政策作为申请入学的必备条件，而将依据积分高低进行学位安排。

与此前的政策相比，办法有多项变化：首先，不再将符合计划生育政策作为申请入学的必备条件，而是将计划生育作为积分入学项目；第二，招生政策对居住证、社保等作了更明确的规定，对居住证的要求是具有使用功能的深圳经济特区居住证，社保的要求明确为养老保险和医疗保险；第三，港澳籍学生也可和非深户籍学生一样申请积分入学；非深户籍人员子女学位申请不再需要提供营业执照、就学联系函和转学证明材料。

据深圳市教育局基教处处长姚一勤介绍，今后 5—8 年，深圳市将处于人口快速增长期，适龄儿童接受义务教育的需求与义务教育学位建设的矛盾在相当长时间内将继续存在。为更加公平、公正地分配义务教育学位，非深户籍人员子女在深圳市接受义务教育实行积分入学制度，按积分高低安排学位，新规有效期 5 年。

播读提示：这条新闻的标题是《计划生育不再是非深户籍儿童入学硬杠杠》，以标题为线索概览全文后要确定重点在什么地方。同时在标题中我们已经可以看出新闻的新鲜点，而这也正是受众所关注的新闻事实要点，播读时要注意信息的传递。之后再看新闻的层次，全篇共有三段成倒金字塔结构，而这也恰好成为三个层次，从而为我们播读时脉络的形成提供了基础。三个层次之间不要一气呵成，而是要有短暂而自然的停顿处理，否则只会是一片散沙让听众感到茫然不知所云，比如开头段是交代信息的重要段，时间：2018 年 2 月 1 日，地点：深圳市，事件：不再……需要清晰准确播出，中间为拓展部分，以"首先，第二，第三"为线索，条理清晰，第三段为介绍部分，语气可以轻松些，着重讲述娓娓道来。

材料4：本台消息：28日，记者从南通市公路管理处获悉，该市丢失的数吨融雪工业盐经警方挨家挨户寻访，目前已找回20余包（每包50公斤）。

据该市公路管理处副处长何启军介绍，从1月24日开始，南通市公路处在全市范围的道路、桥梁上堆放了融雪用的工业盐，以应对暴雪冰冻天气。此次丢失融雪工业盐发生在该市下辖的如东、海门、启东、通州等6个县市区，当时估计丢失的融雪工业盐约8.5吨，后经过仔细核查实际只有3吨多。因此截至目前仍有一吨多融雪工业盐未能找回。

何启军说，发现融雪盐丢失后，他们立即向警方报案，警方随后展开了挨家挨户寻访。同时，通过媒体发出紧急呼吁，融雪工业盐不能食用，而且装有融雪盐的袋子上也有警示标志。"目前已经找回了一吨多，没有找回的，我们分析，很多村民将融雪盐拿回去后，已经撒在他们出行的道路上了，通过警方挨家挨户寻访，老百姓应该也意识到了，所以风险不大。"

何启军还告诉记者，丢失融雪工业盐，没有对除雪工作产生影响，今年他们为备战大雪天气共储备了1000吨左右融雪盐，截至今天，已经使用了700多吨。

播读提示：在这条新闻中要注意锻炼的是数字的播读技巧，要有意识地用自己的语气变化将数字着色成新闻想表达的内容。如"找回的20余包"显示的是已经找回了很多；报的"8.5吨"和实际"3吨多"之间对比的差异感，以及"1000吨左右"准备之富裕都需要设计语气巧妙表达，不能过分渲染也不能一语带过。

材料5：央视网消息：《西游记》中的孙悟空法力无边，只需要拔毫毛轻轻一吹，就能立刻变出千百个分身。如今，类似的场景也有望在现实中呈现。

2017年11月27日，世界上首个体细胞克隆猴"中中"在中科院神经科学研究所、脑科学与智能技术卓越创新中心的非人灵长类平台诞生；12月5日，第二个克隆猴"华华"诞生。两只克隆猴均为雌性。截至目前，两只小猴子的各项身体指标均很正常，发育状态良好。该项成果于1月25日以封面文章在线发表在生物学顶尖学术期刊《细胞》上。

国际细胞治疗协会主席、医学科学家约翰·拉斯科评价说："来自中国科学院的作者们报道了体细胞核移植和化学重编程产生的克隆猕猴出生了以及头一个星期的生长情况。相似的技术20年前曾经用来制备多莉羊，但是这一次来自上海的科学家利用聪明的化学方法和操作技巧，攻克了多年来导致克隆猴失败的障碍。这是许多专家一直认为不可能实现的重大技术突破。""等这项技术成熟后，未来，我国也可建成以非人灵长类为模型的主要研发基地和产业链。"蒲慕明说："面向国家重大需求，脑疾病模型猴的制作也将为脑疾病的机理研究、干预、诊治带来前所未有的光明前景。以我国科学家为主导的灵长类全脑图谱计划的实施和灵长类脑科学的前沿研究，将进一步使我国成为世界脑科学人才的汇聚高地。"

播读提示：这一则新闻的难点在于专业名词的理解和长句播读技巧的把握。这就要求播音员主持人下功夫去了解里面陌生的词汇反复揣摩其中含义，这样才能真正地做到表情达意的效果。同时整篇新闻的基调应该是自豪的骄傲的，因为这是属于我们中国的伟大成果，新闻播报中应充满自豪和赞扬的情感。

材料6：游客滞留雪山，怪景区还是怪景色？

1月6日，4800多名游客蜂拥去云南轿子雪山赏雪，因为返程时间集中、道路湿滑导致游客们等候摆渡车时间较长。晚上7点，个别游客因长时间候车而情绪波动，对摆渡车进行阻拦，导致700余名游客滞留在下坪子近两小时，直到晚上9点，全部滞留游客才安全下山。面对网友吐槽，景区回应称，美景令人流连忘返。从理论上来说，几乎所有以自然景色为看点的景区，无论出现人满为患还是发生游客滞留，似乎都可以归咎于"景色太美"。因为景色太美，才吸引了大量游客，也容易造成游客滞留。

不过游客或者公众却很难认可"游客滞留缘于美景太美令人流连忘返"这种说法，因为景区管理及服务存在多种不足，才是游客滞留事件的根本原因。网友吐槽显示，大量游客在轿子雪山上长时间滞留，"又冷又饿又累"。假如游客滞留时间再长一点，或者滞留人数再多一点，不排除出现严重后果的可能。所以，对于这一事件，景区方面不能把责任推卸给"景色"，而是应该深刻反思自己的管理与服务存在哪些问题，这有利于避免游客滞留事件重演。如果一味推责，不利于反思自己的问题。

据悉，滞留事件发生后，为了应对蜂拥而来的游客，景区摆渡车数量增加到20多辆；在下山乘索道的地方，也有工作人员对游客进行劝导，建议市民不要排长队等候索道……这说明该景区在一定程度上吸取了游客滞留事件的教训。但愿不是应景式改正，而是需要彻底反思、全面完善服务。另外，游客遇到长时间等待也要冷静处理，不要添乱。

播读提示：这篇新闻是评论新闻，在一定程度上需要表明笔者的态度，所以在通篇阅读的时候，需要去了解文章根据什么事实、讲什么道理、说明了什么看法主张，之后，需要去了解稿件中对这一事件透露出来的态度，即对于景区一味推卸责任的谴责。在播读稿件的过程中，态度鲜明，逻辑清晰，分论点层层递进。最好能够结合实际经历，借鉴身边相似的经历去感受，做到有感而播。同时，态度分寸得当，符合稿件原意的政治界限。播音时的速度不能过快，尽量给受众回味和思考的余地，让受众跟随文章的逻辑，感受到作者表现出的观点，即景区管理不当而造成的游客滞留。以理服人，寓情于理。

材料7：全国农村留守儿童信息管理系统正式启用

新华网北京10月10日电（韩家慧） 记者获悉，民政部10日召开电视电话会议，安排部署全国农村留守儿童信息管理系统启用上线工作。民政部副部长高晓兵出席会议并启动全国农村留守儿童信息管理系统，民政部社会事务司有关负责人对系统启用工作提出要求，会上还请专家对系统使用进行了培训辅导。

据悉，此次组织开发的全国农村留守儿童信息管理系统，包括数据录入、审核报送、汇总分析等功能模块，实现了与最低生活保障信息系统、建档立卡贫困户信息系统、残疾人信息管理系统的数据共享，为开展农村留守儿童数据更新、比对核实、组合查询、定期通报、实时报送等工作提供了可靠的平台支撑和有效的技术保障，对建立翔实完备的农村留守儿童信息台账，推动社会资源的有效对接，实现对留守儿童的精准关爱、精准帮扶、精准保护具有十分重要的意义。

会议强调，部署运行全国农村留守儿童信息管理系统，实现信息采集、动态更新和通报共享，既是党中央、国务院决策要求，也是做好农村留守儿童关爱保护工作的客观需要。

会议要求，各地民政部门要将系统启用工作列为重要议事日程进行研究部署，认真做好系统启用培训工作，确保系统按时启用、有效运行。要抓紧组织动员各级尤其是县（市、区）和乡镇（街道）对照系统操作规程，集中时间、集中力量开展农村留守儿童信息采集录入、审核报送工作，务必在 2017 年 11 月底之前全部完成。要加强系统使用情况监测督查，以系统上线运行为基础，建立完善动态管理、定期通报机制，实现数据动态更新，真正做到底数清、情况明。

播读提示：这篇新闻的主要内容在标题中已经表现出来了：全国农村留守儿童信息管理系统正式启用。所以我们在播报新闻时，需要将重点放在这个管理系统上。这个系统是什么，启用系统有什么好处，这些情况需要我们在播讲时明确地向受众表达出来。其次要注意态度分寸的把握，这个管理系统的启用是对留守儿童的管理大有益处的，我们在播讲时可以利用内在语来控制语气，不知不觉影响受众。同时，对于重音的处理不宜过多，否则很容易让受众失去语句重点。对于不重要的内容往往加快语速放平语势，在表达清楚的前提下一带而过；对于这个管理系统的作用是什么这些重要的内容，则需要放慢速度扬起语势，说清说透，给受众一种听觉的反差，引起注意。

材料8：辽宁多地迎大暴雨全省6万余人紧急转移

新华社沈阳8月3日电（记者孙仁斌） 受台风及冷空气共同影响，3日凌晨开始，辽宁省部分地区出现强降雨。根据气象部门预测，3日6时至4日20时，全省多地将出现大暴雨及暴雨，气象部门发布多个暴雨红色预警。截至记者发稿时，辽宁省共紧急转移群众6万余人。

辽宁省水文局统计数据显示，8月2日8时至3日6时，全省最大点降水量为朝阳市龙城区北梁站188毫米，降水量超过100毫米的有55站，主要集中在朝阳地区。3日0时至5时在朝阳市出现强降雨过程。另据辽宁省气象部门预报，3日6时至4日20时，锦州、辽阳、朝阳、葫芦岛地区及新民、康平、法库、鞍山市区、岫岩、盖州、昌图将有大暴雨（其中朝阳市区、喀左局地过程总量250～300毫米），大连、阜新、盘锦地区及沈阳市区、辽中、台安、海城、抚顺市区、本溪市区、本溪县、丹东市区、凤城、东港、营口市区、大石桥、铁岭市区、开原、西丰有暴雨，清源、新宾、桓仁、宽甸有大雨。

针对出现的强降雨，辽宁省气象灾害监测预警中心对朝阳地区的凌源市发布两个暴雨红色预警信号。截至8月3日6时，沈阳、鞍山、锦州、阜新、铁岭、朝阳、葫芦岛等7市共转移安置群众61933人。

播读提示：这篇新闻是对辽宁省的恶劣天气进行的报道，其中涉及的数字很多，每一个数字都有它的意义，作者不会无缘无故地将它放在稿件里。那么在播读这些数字的时候，要在充分理解稿件的前提下，把其所代表的内涵表现出来。从3日凌晨开始降雨，气象部门预报6日以后都有暴雨，这就造成了全省六万多市民紧急转移的结果。在播讲过程中，要对这些数字进行或大或小，或轻或重的着色，对受众起到提示作用。其次，这种紧急事件的播报语速稍快，但也要控制速度，不能超过让人说清楚听清楚的界限。

材料9：**新华社北京1月28日电（记者阳娜）** 国家互联网信息办公室27日指导北京市互联网信息办公室针对新浪微博对用户发布违法违规信

息未尽到审查义务，持续传播炒作导向错误、低俗色情等违法违规有害信息的严重问题约谈该企业负责人，责令其立即自查自纠，全面深入整改。

北京市互联网信息办公室相关负责人指出，新浪微博违反国家有关互联网法律法规和管理要求，传播违法违规信息，存在严重导向问题，对网上舆论生态造成恶劣影响。

新浪微博负责人表示，将严格落实网信部门管理要求，对问题突出的热搜榜、热门话题榜、微博问答功能、热门微博榜明星和情感板块、广场头条栏目情感板块暂时下线一周进行整改。下线时间从 2018 年 1 月 27 日 21 时至 2 月 3 日 21 时。同时提出，要深刻吸取教训，全面加强平台业务和人员管理，切实对社会和广大网民负责。

播读提示：新闻播音的基本要求是，新鲜感要强，叙述要清楚。首先要深度解读，透过稿件文字还原新闻事实，通过导语部分，了解到新闻要讲述的是北京市网信办依法约谈新浪微博的内容，要交代清楚相关部门和时间。上挂政策，下联实际，明确宣传背景和目的。本则新闻有很多长句，要注意停连重音，重音少而精，少停多连，气息也要控制。

材料 10：本报讯　U23 亚洲杯决赛昨天在常州落幕。在常规时间双方战成 1：1 平的情况下，乌兹别克斯坦队凭借超级替补西多罗夫在第 119 分钟的绝杀入球，最终以 2：1 击败黑马越南队，夺得冠军。卡塔尔队获得季军，卡塔尔队的阿里以 6 球"穿走"金靴，越南队的阮光海 5 球在射手榜上位列次席。

此前在 U23 亚洲杯中都是止步于小组赛的越南队和乌兹别克斯坦队，在本届比赛中却是神勇无比，一路闯关挺进决赛。这样的决赛对阵出乎许多人的意料。

比赛是在大雪中进行的，场地状况可想而知，比赛时气温为-1℃。第 8 分钟，阿舒尔马托夫甩头破门，帮助乌兹别克斯坦队 1：0 领先。第 41 分钟，阮光海主罚任意球破网，越南队将比分追平。

由于雪太大，下半场比赛比原定计划推迟了近 50 分钟后才重新开始。

但双方在 90 分钟结束时再无建树，只能进入加时赛争夺。第 119 分钟，替补出场的西多罗夫左脚垫射破门，绝杀越南队，从而帮助乌兹别克斯坦队夺取了 2018 年 U23 亚洲杯冠军。

播读提示：首先要熟悉题材特征，迅速抓住新闻结构。本则消息第一段为导语，要明确语句重心，避免平直架起。"乌兹别克斯坦队最终以 2∶1 击败黑马越南队，夺得冠军"是重点句。第二段为背景，明确背景材料的用途，充分发挥"神勇无比"内在语的作用。第三段为主体，是事实的展现部分，要突出重点和层次。第四段为结尾，要平稳蹲住。对于新闻中出现的国家队名、人名要准确清晰。

材料 11：1 月 26 日，记者在河北省人大会议上获悉，河北省将继续推进以产业结构调整为核心内容的转型升级，在 2018 年年内还将压减钢铁产能 1000 万吨以上。

产业结构偏重和以煤为主的能源使用是造成河北大气污染严重的根本原因。为治理大气污染，从 2013 年起，河北开始实施"6643"工程，即到 2017 年削减 6000 万吨钢铁、6100 万吨水泥、4000 万吨标煤、3600 万重量箱玻璃产能。河北省政府工作报告显示，5 年来，河北以化解钢铁产能为"牛鼻子"，"6643"工程超额完成，累计压减炼钢产能 6993 万吨、炼铁产能 6442 万吨、水泥 7057 万吨、平板玻璃 7173 万重量箱，压减煤炭消费量 4400 万吨。通过深度产业结构调整，大力促进了节能减排，2017 年河北省各设区市 PM2.5 年平均浓度较 2013 年下降 39.8%，超额完成"大气十条"任务。河北省单位 GDP 能耗 5 年预计下降 24.4%。

播读提示：这则新闻重点分析数字在消息中的读法。数字的绝对值是对事物本质的量化记录和反映。首先数字要读准、读清楚不可有误。其次要注意数字的色彩，避免受众意识的表层流失。播报时需给数字着色，根据新闻事实赋予数字或大或小、或多或少、或轻或重的不同色彩，形成对听众的倾向性提示。最后选取最有价值、最直观、听众最好理解和记忆的数字给予着色突出，其他只需读清楚即可。新闻中的"6643"工程包含的数字是最有价值的，要读清，让听众明白。

材料 12：汪洋在全国农业普查工作座谈会上强调——用好普查成果服务乡村振兴

新华社北京 1 月 23 日电 中共中央政治局常委、国务院第三次全国农业普查领导小组组长汪洋 23 日在京主持召开农业普查工作座谈会。他强调，经过各方面的共同努力，历时三年的第三次全国农业普查取得圆满成功。这是关系经济社会发展全局的一件大事，是新时代"三农"工作领域的一项重要成果。要认真贯彻党的十九大精神，以习近平新时代中国特色社会主义思想为指导，充分开发利用普查所获得的丰富信息，深入分析"三农"发展变化趋势，科学有效指导农业农村工作，为促进乡村振兴做出新贡献。

汪洋指出，第三次全国农业普查内容丰富、范围广泛、成果珍贵。要有效利用普查成果，做好历史数据修正和衔接，加大普查数据共享、开发力度，为制定乡村振兴规划、促进农村经济社会发展提供科学依据。要充分利用普查取得的基础资料和组织实施经验，进一步完善"三农"统计调查指标体系，创新调查方式，提高数据质量，推动"三农"统计工作再上新台阶。

部分第三次全国农业普查先进集体和个人代表参加座谈。

播读提示：在开头职务头衔连接处采用直连，连接迅速，不露连接。不依标点符号处理稿件，依据稿件文字逻辑及自我情感体验当断再断。体现主要基调的词语要着重强调，例如首段首次出现的"农业"和"三农"可加重语气，延展音长，交代全篇主要思想内容。而后有关"农业""三农"的词汇属于次重点，不必过大增强音调，过分延展音长，否则会使全篇播读散乱不集中。

材料 13：研究生耽误科研 不耽误捐"髓"救人

1 月 22 日，来自秦皇岛 25 岁的杜大学和来自石家庄元氏县 38 岁的王大爱（化名）在河北医科大学第二医院分别成功捐献出 192 毫升造血干细胞悬液和 133 毫升淋巴细胞，为上海市某医院和北京市某医院两名血液病患者带来了生的希望，并成为河北省第 349 例和第 350 例造血干细胞捐献者。

值得一提的是，王大爱这次是为同一患者进行二次捐献。当天晚上，杜大学和王大爱捐献的"生命种子"已经回输到两名患者体内，正是他们的大爱精神，让身患血液病的两名患者延续了宝贵的生命。

播读提示：本篇属于社会民生类新闻，在总体基调把握上相对容易一些。现就稿件中出现的数字简要说明该如何处理。首先，要在读准读清的基本要求之上，给数字"着色"。也就是说，要根据新闻事实来赋予数字或大或小，或轻或重的不同的色彩，对受众起到提示的作用，便于受众了解数字真正的含义，引起他们的思考。其次，对数字的着色要有选择。要精选有价值的、最直观的数字来对其"着色"。这样才会使有声语言的表达简洁明快。例如首段中的 6 个数字，仅对"192、133"进行延展处理，以突出研究捐"髓"救人的奉献精神即可，如果强调过多会使整条新闻变得杂乱。

材料 14：新华社北京 1 月 19 日电（记者周玮）　作为中华民族传统佳节，春节日益成为向世界全面展示中国文化的重要窗口和精彩舞台。中宣部、国新办日前启动 2018 年春节文化走出去工作，坚持以习近平新时代中国特色社会主义思想为指导，加强统筹协调、创新内容形式、拓宽渠道平台，向世界推介更多蕴含中国智慧、承载中国理念、彰显中国精神的春节文化，把新时代的春节故事讲述得更加生动精彩，增强中国形象的亲和力、感染力、吸引力、影响力，进一步提升国家软实力。

据介绍，2018 年春节文化走出去工作将紧密结合中国特色社会主义进入新时代的新要求，在内容策划、项目安排、方式手段上加大创新力度，精心提炼春节所蕴涵的以万象更新、天人合一的宇宙观，阖家团圆、共迎新岁的价值观等为代表的中华文化精髓，集中展示中华优秀传统文化独特魅力和当代中国价值观，突出体现新时代、新思想、新征程、新气象，积极传递构建人类命运共同体的美好愿景。充分调动中央与地方、政府与市场、官方与民间的积极性，努力形成"各展其长、因国施策、合理布局、网上网下、全球互联"的生动局面，推动春节进一步成为中国时间、全球时刻的国际性节日，提升中华文化国际影响力。

根据安排，2018 年春节文化走出去工作将加强资源整合，创新题材形式，推动"欢乐春节""四海同春""环球灯会"等品牌文化活动持续升级。策划推出一批体现春节特色、承载文化内涵、具备国际水准的影视、图书、动漫、文创等文化精品。针对不同国家地区和受众的需求，开展巡游、灯会、演出、体育竞技、讲座论坛和旅游推广等活动，精准覆盖，有效"圈粉"。春节前后，将与国外商超、电商平台等联合举办春节商品促销抢购活动，丰富当地民众感知中华文化的端口和途径。

播读提示：本条消息通篇介绍 2018 年春节文化走出去工作。整体播读基调应符合稿件刊发背景，即 2018 年春节前后，应突出在春节节点中，全国上下喜气洋洋迎新年的氛围。整体语气应欢快欣喜，节奏应明快自然，切忌拿腔捏调，在准确、清晰、自然中凸显出该项工作的重要意义。播报难点在于专业性的词语、词汇以及长段的相似词、排比句。在处理难点时，应做到声断气不断，注意运用"偷气"技巧，保证气息完整顺畅完成稿件播读。

材料 15：新华社天津 2 月 3 日电（记者周润健） "从此雪消风自软，梅花合让柳条新。"《中国天文年历》显示，2 月 4 日 5 时 28 分迎来"立春"节气。此时节，虽然寒意犹在，但"百草回芽"已不可阻挡。

"律回岁晚冰霜少，春到人间草木知。"天文教育专家、天津市天文学会理事赵之珩介绍说，按照二十四节气的排列顺序，立春是第一个节气，又叫"打春"，就是冬至数九后的第六个"九"开始，所以有"春打六九头"之说。"五九、六九隔河看柳"，此时节会看到微微的绿色。

天文专家表示，从天文学上来看，立春预示着美好春天的到来，但从气候学上来说，立春只是春天的前奏。虽然并不意味着马上进入春天，但毕竟白昼变长、天气变暖已成大势所趋，万物复苏、春回大地的日子已经不远了。

"立春"不仅是个重要节气，也是重要民俗节日，为了迎春，我国民间在这一天有"咬春""鞭春"等民俗活动。

天津市民俗专家由国庆介绍说，吃春饼、春卷、春盒，吃生菜，吃萝卜，谓之"咬春"，寓意迎新纳吉，祈福来年风调雨顺、春风得意。

"鞭春"又称"鞭春牛""祭春牛""打春牛"，就是用泥土捏成一个象征农事的耕牛，肚子里塞上五谷，当牛被打烂时，五谷就流了出来。这一习俗，体现了古人对春天、对农业的重视，表达了对农业丰收的祈盼，也寄托了先民对人勤春早的信心与向往。

播读提示：本条消息通篇介绍立春节气，从民俗传统及现代科学角度，分别介绍了立春时节的意义。其中既有专家解释，又有民间百姓的民俗活动，既介绍了立春的古称及由来，又包含了立春的习俗。整体播读基调应满含期待，表达出老百姓对立春到来的欣喜之情。在转述专家介绍时，应起到科普性，使受众清晰明了地了解立春在科学上的意义。在播读民俗时，切忌拿腔捏调，应态度平和，用百姓的视角和通俗易懂的语言播读。

材料 16：习近平总书记在十九大报告中指出：加快边疆发展，确保边疆巩固、边境安全。内蒙古自治区在习近平新时代中国特色社会主义思想指引下，筑牢生态屏障和安全屏障，推动高质量发展，努力打造祖国北疆亮丽风景线。这段时间，瞄准"筑牢生态屏障"这个发展目标，内蒙古各级干部正展开密集调研，摸清生态基础数据，完善发展规划，确保各项环保举措的精准。

作为我国北方面积最大、种类最全的生态功能区，内蒙古在新时期的生态安全屏障体系该怎样构建？对这个事关高质量发展的重大问题，十九大后，自治区重点研究部署，提出 2018 年要完成生态红线划定，建立河湖名录，全面实行河长制、湖长制。

林业生态是内蒙古生态建设的主战场。十九大后，内蒙古结合实际，规划了以大兴安岭、阴山、贺兰山——三山，沙漠、沙地——两沙，平原区、黄土丘陵区、阴山北麓风蚀沙化区、阿拉善荒漠戈壁区——四区为主的"三山两沙四区"林业生态建设主体框架。加大力度推动区域绿化及原生植被保护。今年，全区要完成造林1000万亩以上，完成沙地综合治理300万亩。

加快生态文明建设，内蒙古的绿色发展步伐不断提速。这个冬天，内蒙古东部第一次实现了大面积风电供热。为了实现生态美、百姓富，今年内蒙古把清洁能源、节能环保、生态旅游等作为重点打造的产业。

播读要点：导语部分应当揭示核心内容，先声夺人。在播报时应制造适当气氛，使听众更乐于听下去，在本篇当中最与百姓息息相关的即是内蒙古地区的环境问题，导语中应给予足够的体现。背景部分用于烘托主题，播报时应注意不要喧宾夺主，应注意语流变化，不应与前段相同，注意对背景的说明和对主题的烘托。结尾要注意概括，不能一盘散沙。客观报道中显示出的态度，需要控制分寸，做到尽量公正客观的报道，以取得最佳宣传效果。

材料17：习近平总书记在十九大报告中提出：创新是引领发展的第一动力。在习近平新时代中国特色社会主义思想指引下，中部省份安徽向创新型省份转变，发挥从源头创新到技术开发、成果转化、企业孵化，再到新兴产业的全链条式竞争优势，努力走出一条具有安徽特色的创新路径。

临近春节，合肥离子医学中心的科研人员正在抓紧对超导加速器医疗装置组装调试，这个装置将实现对肿瘤的集中定点爆破，可以避免对好细胞的破坏，其中最关键的超导部件将在节前调试完毕。

把核心技术转化为动力，让前沿科技受益于百姓。十九大后，站在新起点上，如何开创发展新局面，安徽的抓手是，下好创新这步先手棋。

要领跑，就得有领跑的项目。现在，合肥已拥有"全超导托卡马克"

"同步辐射光源""稳态强磁场"三大科技前沿装置。今年，安徽还要建设大气环境立体探测等一批新的重大科学装置，形成大科学装置集群。

创新离不开人才。今年，安徽省出台多项举措，提出开辟人才激励"绿色通道"、人才引进"绿色通道"、人才职称"绿色通道"，在医疗、教育、落户上全部绿灯，让创新科技人才进得来、留得住、干得好。

创新平台加上人才新政策，带来人才的加速流入。就在上个月，十几名海外留学博士陆续来到安徽，加入科技部承担的锂离子动力电池关键材料研发项目，攻克电池容量偏小的难题。

为了激发更大的活力，十九大后，安徽推出"政府投资入股、上市后股份奖励"等新型扶持方式支持企业创新。这家生产液晶玻璃基板的企业最大的受益就是在政府支持下一个国家实验室落户于此。

播读提示：首先需要理解本篇的主旨即播讲意图，重点突出安徽省在各方面创新的重要性，才能进一步对内容进行处理。导语部分是对内容的高度概括且介绍背景，语言应当精练，让受众简单易懂。2~7段详细介绍安徽省各方面创新的具体内容，主体部分应当层次清晰叙事清楚，播报时忌摆单句，应当从宏观入手，确定重点和层次，通过适当的语流曲线的对比变化将重点突出，将层次间的转换关系显露出来，而后再一步步落向微观。

材料18：今天是24节气里的立春，春天代表生命与希望，我国各地民间在立春这天，都有很多独特的习俗，表达美好的愿望。

上午8点，喊春、鞭打春牛等立春特色民俗活动在北京上演，20多名小学生扮演成牛童、春姑娘，走街串巷，为沿途居民传递春天的祝福。在北京古观象台，人们用柳条鞭打"春牛"，寓意来年风调雨顺、五谷丰登。

迎接"立春"，黑龙江、四川等地包春卷、吃春饼，用"咬春"来祈祷新的一年有个好彩头。为了表达对来年的期望，甘肃张掖花寨乡的村民穿着节日盛装，舞起社火，喜迎立春。

立春这天，人们也会出城"探春"，寻找春意。辽宁绥中县百亩樱桃大棚里，满眼春色与冰天雪地形成鲜明对比。在云南洱源松鹤村，三万多亩梅花迎来盛花期，远远望去，漫山遍野，甚是好看。山东济南趵突泉公园的腊梅迎春绽放、浓香扑鼻。江西南昌的湾里区太阳谷里，人们漫步花海，感受难得的大美春光。

播读提示：本篇看似简单，各段各自成为体系，实则不易把握各段间的关联，易读散或者全部抱成一团不分层次。第一段总领全篇，注意从较高的高度来进行处理，之后三段从细节层面描写各地迎接立春的民风民俗，应与第一段从语态上加以区分，同时后三段亦不应混为一谈。播讲时也要注意表达感情色彩，让受众体会到对于立春的喜气与意味。

材料 19："走进吉林农家书屋" 主题实践活动启动

近日，国家新闻出版广电总局在吉林省举行"深入生活·扎根人民"，走进农家书屋主题实践活动。

2017 年全国"我的书屋·我的梦"农村少年儿童阅读实践示范活动在长春市双阳区奢岭镇爱国小学举行。活动中，国家新闻出版广电总局印刷发行司、吉林省新闻出版广电局向爱国小学和奢岭街道爱国村的农家书屋捐赠了 1500 多册图书。到 2011 年年底，我省已实现全省行政村农家书屋全覆盖，农民的阅读权益得到了基本保障。

19 日，"中国农家书屋"微信公众号发布仪式在扶余市举行。新开通的"中国农家书屋"微信公众号可以为全国 60 万家农家书屋管理员解读行业政策。近年来，我省不断探索农家书屋延伸服务工作。在扶余市，三分之一的农家书屋搬进农家，由文化志愿者担任图书管理员，并积极协调财政部门为管理员提供工作经费，创新形成了可复制、可推广的模式。国家新闻出版广电总局印刷发行司司长刘晓凯说："吉林省在推动农家书屋方面基础很扎实，推动体制机制的制度建设在全国的各个省市当中走到了前列。他们通过很好的制度建设，模式的构建，延伸服务方式的推广，使小小的农家书屋在吉林大地发挥了很好的作用。"

作为"深入生活扎根人民"走进吉林农家书屋主题系列实践活动之

一，数字图书馆进农家体验活动 20 日在梅河口市举行。除了纸质图书外，由吉视传媒打造的数字图书馆已经成为梅河口曙光村家家户户喜爱的阅读阵地，村民们通过高清电视机就能享受到海量的正版数字图书资源。如今，我省数字图书馆已经实现百万正版数字图书在线阅读，可为农民朋友提供 24 小时无间断服务。

播读提示：注意新鲜感要强，叙述要清楚是新闻播音的基本要求。文中交代农家书屋的实践活动，活动成果"捐赠了 1500 本图书""吉林省已实现全省行政村农家书屋全覆盖"，活动亮点"微信公众号正式开通"。不要太过突出数字，而忘记把事件要点交代清楚。

材料 20：中国科学家首次在南海发现裸露"可燃冰"

我国新一代远洋综合科考船"科学"号在执行中科院海洋先导专项中，在我国南海海域首次发现了裸露在海底的天然气水合物，也就是"可燃冰"。北京时间 22 日，这一成果在国际权威学术期刊发表。

通过"发现"号无人潜水器携带的深海激光拉曼光谱探针，科考团队在我国南海约 1100 米的深海海底，探测到两个站点存在裸露在海底的天然气水合物，这也是科学家在我国南海海域首次发现裸露在海底的"可燃冰"。

据介绍，其中一个站点分布在冷泉化能极端生物群落中，动态合成并分解的天然气水合物可以为深海极端生命提供甲烷等能量源；另一个天然气水合物站点则位于一个活动的冷泉喷口的内壁。

数据显示，快速生成的天然气水合物并非单一的笼型结构，其内部存在大量的甲烷、硫化氢等自由气体，这也是国际上首次使用原位拉曼光谱数据证实这一科学结论。

播读要点：首先确定新闻播读基调，这是我国在南海的新发现，要用积极的色彩播读。其次，对新闻报道中专业性名词的处理，首先要搞懂弄清，然后才是播清、播顺、播的有内容、播的有分量。"天然气水合物""冷泉化能极端生物群落"等词要做到语气舒展，语流顺畅。

材料 21：农业部：我国农业科技贡献率升至57.5%

央视网消息：1月27日，农业部发布消息，2017年，我国农业科技贡献率达到57.5%，比五年前提高三个百分点，有效提升了农业质量效益竞争力。

作为农业供给侧结构性改革的重要内容，近年来，我国通过创建国家农业科技创新联盟，科研院所和优势企业联手，推动重大农业科技创新，促使农业科技贡献率提升到57.5%。

农业部科技教育司司长廖西元：应该说与发达国家相比还是有一定的差距，发达国家普遍都高于70%了。把分属于不同单位，不同领域，不同学科的这些优势，围绕着产业链的要求来布局我们的科技链，集中力量来解决我们现在重大的产业发展的问题。

廖西元介绍说，目前，我国已经走到了要依靠科技实现质量兴农、效益兴农、绿色兴农的历史阶段，已经相继建立了60个国家农业科技创新联盟，其中，重点打造了畜禽养殖粪污资源化利用等20个标杆联盟，并集成推动40项节水节肥新技术成果转化，有效推进了农业绿色发展方式转变。今年，将围绕乡村振兴战略，发挥科技联盟的引领作用，推进农业科技创新和转化，提高农业供给质量。

播读要点：首先，对于社会民生新闻，语气不可太过沉重，在轻松积极的语气中，将新闻事实传达给受众。其次，叙事的条理要清楚，先介绍新闻事实农业科技贡献率提升，介绍农业科技贡献率今昔对比、我国目前农业战略布局的基本情况，再说明此事的意义。整体基调和叙事逻辑都要做到心中有数。

材料 22：央视网消息：2018年最值得人们观赏的天象之一就是发生在今天晚上的月全食天象，只要天气晴好，我国各地的人们都可以欣赏到月全食的壮观景象。

本次月全食从北京时间1月31日19点48分开始"初亏"，20点52

分进入"食既"状态，此时月球将全部进入地球的本影区域，之后的 1 小时 16 分，人们可以看到古铜色"红月亮"悬挂于夜空的壮美景色。当晚 22 点 08 分月全食进入"生光"阶段，月球将逐渐走出地球本影，23 点 11 分"复圆"标志着月全食结束。

从科学的角度来说，当一个公立的月份中出现第二次满月，我们称其为蓝月，今天的月亮恰属于近地点满月，所以又称为超级月亮，上次出现这种超级蓝色红月亮奇观还是在 152 年以前。今晚我台新闻频道将首次把中科院国家天文台望远镜的视频信号引入电视屏幕，带领观众实时观看月全食。

播读提示：此条新闻是月全食当天新闻，更应该播出全新出炉的感觉，难逢的壮观景象，播讲状态更应该积极。针对部分总也播不出新闻的新鲜感的这一问题，本条新闻的"欣喜积极"状态不妨碍把导语播"稳"，切记打破每字每词长短、语气、重点一样的调式，抱好团儿，"最值得人们观赏的天象之一"抱团，"只要天气晴好"一语带过不用过于突出，重点突出"最""天象""月全食"，这样播出来抑扬顿挫，富有节奏感还便于理解。

材料 23：央视网消息：国务院新闻办今天举行 2018 年春运新闻发布会，国家发改委、交通运输部、公安部等 7 部门负责人介绍了今年春运的特点和运力安排。

2018 年春运 2 月 1 日启动，3 月 12 日结束，40 天时间全国旅客发送量预计达 29.8 亿人次，与去年基本持平。去年全国铁路新增线路 3000 多公里，东南沿海进出成渝地区的客流压力有望缓解。

春运期间公安部启动交通执法大检查确保道路运输安全。预计今年春运节后客流叠加，单日客运量将超过 1 亿人次，交通部门将加大运力调配。

播读提示：春运是民生关注的重点，分好层次，层次之间小有停顿，不要播成一盘散沙，播出层次感，明确清晰。最后一段"公安部、交通部都在加大运输安全和运力调配"，要客观笃定，令人信服，有感召力。

　　材料 24：央视网消息：俄罗斯总统普京 30 日说，美国财政部日前发布"克里姆林宫报告"是不友好行为，进一步破坏两国关系，但俄方暂时不会采取反制行动。

　　普京当天在莫斯科表示，制定所谓的名单对俄罗斯进行威胁、恐吓，限制俄罗斯的发展都是没有意义的。俄方暂时不会采取反制行为。他同时呼吁人们用更多精力关注俄罗斯自身经济社会发展。

　　美国财政部 29 日公布的这份报告列出俄罗斯约 200 名政界和商业人士。美国财政部长姆努钦 30 日表示，出台这份名单只是"第一步"，在未来的一个月到几个月内，美国政府会出台针对俄罗斯的新制裁措施。

　　播读提示：此条新闻讲俄罗斯与美国的关系，更要保持客观真实。立足新闻本身，涉及两方"俄罗斯总统普京""美国财政部"，围绕美国发布的"布里姆林宫报告"，指出态度"不友好行为"，最后表态"俄方暂不会采取反制行动"。导语部分，要尤其播出事件的严肃性。这里有个小技巧，"不友好行为"和"进一步破坏两国关系"之间有因果关系，可以抢气连读，使导语部分听起来抑扬顿挫。正文部分是美俄双方分别对于这个事件的表态，在播读的时候把握好细节，在播具体措施和细节的时候，放缓放慢，强调突出，把握好重读和层次。

第五章

话题评述主持类

　　即兴评述、模拟主持、主题讨论是播音主持专业考试复试中的一个重要环节，也是许多考生反映最难过的一关。即兴评述考察考生就一个既定题目展开话题的能力，模拟主持考察考生驾驭既定节目进程的能力，话题讨论考察考生在话题讨论中的表达能力和反应能力。这几项考试类型都属于话题评述主持类型的考试，考察考生思维能力、话题组织能力、语言表达能力、现场驾驭能力、快速反应能力，它要求考生思维敏捷、快速组织语言能力强，同时，它也是对考生知识功底、文化素质的检验。所以，从历年考试的情况看，有相当一部分考生因为这一项内容进行得不理想而影响了专业考试的成绩。因此，对于话题评述主持类的考试，考生应该格外重视和认真对待。

第一节　即兴评述

即兴评述实际上就是一篇口头小议论文，要求不少于 3 分钟，约六七百字。准备的时间也不长，考生抽取题目后准备 5 分钟，就进入考场。

即兴评述的题目都是议论性的，基本内容都是高中所学知识常识、时事水平的范围之内。比如：你如何看待当前开展的学雷锋活动？对高中生早恋现象谈谈你的看法？谈谈你对语言美的认识？中学生上网的利与弊？论个人与集体的关系；谈谈你喜欢的人生格言；论三人行必有我师，等等。这样一些题目都是可以做到有话可说的。

一、如何应考

有以下几点建议，供大家参考：

（一）认真审题，确立观点

抽到一个题目，要认真审题，知道题目要你议论的是什么。下去准备时，首先要有一个明确而正确的观点，观点既要明确还要正确，只正确不明确也不行。

（二）思考提纲，把握结构

确立了一个观点，就要迅速围绕观点思考一个提纲，理清议论的思路。

如"高中生早恋现象谈谈你的看法"一题，提纲和结构可以这样设计：

观点：高中生早恋是不对的。

危害性：（1）影响学习；（2）有碍身体健康；（3）影响风气；（4）辜负父母老师的期望。

如何解决这一问题：（1）中学生自身；（2）家庭；（3）学校；（4）社会。

结论：树立远大的人生理想和目标，发奋学习，立志成才。

准备完提纲如果还有时间，可以再把开头的话和结尾收场的话想一想，争取设计得精彩一些。"语不惊人死不休"，开好头，收好尾。需要提醒的是，准备时切不可试图把要说的每一句话都想好，因为无论是主观上和客观上都做不到这一点。

（三）强行记忆，边想边说

即兴评述对考生强行记忆能力是一个检验。快速想好了提纲，要反复加强记忆，首先是把大的分观点和大的结构记住，然后再强行记忆分观点中的小观点和小结构。说的时候，一边想一边说，不要试图去背准备时的原有的话，而要去说准备时观点的意思，关键是要言之有物，言之有序。

（四）联系实际，巧用例证

即兴评述是要应考者谈你对某一问题的看法，而不是让你做一篇理论文章或学术演讲，有的考生不明此道，一上来就说了一堆堂皇而又空洞的话，一张嘴就是哲学，政治经济学，生搬硬套，反而华而不实。

（五）自信连贯，一气呵成

可以把收听对象设想成你要说服的人，用以调动自己的评述欲望，坚信"我有理""我一定要说服你"，可以增强评述的主动性、说服性。另外，尽量使评述连贯、流利，即使一时无话可说，也要硬着头皮往下说，尽量不要让语流断线，要一气呵成，完成评述。

（六）自拟题目，提前练习

有志于播音与主持艺术专业的同学，可以通过平时自选题目，自我评述的方式，加以练习，积累经验。临时参加考试之前一两个月，课余或学习之余，拿出一点时间，自拟个题目，准备几分钟，就评述几分钟。当你练了十个八个题目以后就会发现自己即兴评述的能力已经提高和增强了。

二、即兴评述的基本技巧

(一) 审题

因为即兴评述考试的时间通常不长，一般在三分钟左右，而准备时间也很短，所以当拿到题目以后，第一项工作就是审题，判断题目的真实含义。这个环节要特别注意不要抓住半截就开跑，比如："环境保护，人人有责"，它要谈的绝不仅仅是环境保护的话题，而是要落实到"人人有责"上面。又比如："节约的意义"，面对这个题目如果一味谈我们应该如何去节约就本末倒置了，重点应该放在"意义"二字上面。

(二) 布局

审明题意之后，就开始搭框架，即布局。通常，三分钟的评述，考生想三个方面的内容即可，就好像有三个抽屉的一个柜子，审题，就是搞清楚是做书柜还是衣柜，而布局阶段，就是设计三个抽屉分别放点什么，到了最后即兴评述的实施阶段，就可以按照计划往里面装自己想装的东西了。

布局的方式多种多样，我们这里提示三种较为常见的布局方法。请注意，切记不要对其产生依赖感，因为这样的"模板"可以完成即兴评述，但不一定能完成一篇精彩的即兴评述。而且考题千变万化，没有一个模版可以放诸四海而皆准的。

1. 主题分解法

即把一个主题分解为三个小主题，分别进行阐述。如："我的家乡最美丽"，可以分为（1）景美；（2）食美；（3）人美，分别带例子加以阐述。

2. 逻辑认知法

按照一个事物的逻辑认知过程进行评述，即是什么？为什么？怎么办？

比如："对高中生早恋现象谈谈你的看法"这个题目，可以从三个方面：中学生早恋的现象，中学生早恋的成因，如何正确疏导来进行评述。

3. 举例证明法

同样分为三个步骤：

（1）对这个话题你的认识；

（2）举例说明你的看法；

（3）谈谈这个话题的现实意义。

以"酒香也怕巷子深"为例，这句话可以对人，也可以对商品，你可以先肯定"酒香也怕巷子深"，进而选择其中一个方面进行举例阐述，最后和现实结合。例："酒香不怕巷子深"是指古时只要酒家酿造的酒香、味美，不用宣传造势就能顾客盈门，财源广进。但在市场经济发展的今天，酒香也怕巷子深，也就是说，好产品还得宣传出去。我来自农村，今年在鲜桃上市之时，我的身边就发生了这样一件事：费城镇岔河村种桃大王刘纪运接到的购桃电话接连不断，桃子供不应求。和刘纪运相比，该镇南埠村果农们却另有一番滋味。他们的桃品种也不少，个头也大，就是卖不上好价钱，只好用木胶车、自行车推着到市场上叫卖。同一个品种的鲜桃，为何有的 2.4 元/公斤卖得十分火爆，有的 0.8 元/公斤却少有人问津？原来，岔河村在保证桃果品质的同时，还花大力气广泛宣传，通过互联网、报刊、电视等多种形式，使岔河鲜桃成了费城镇的招牌果品，从而保证了该村鲜桃的销路，而南埠村却由于忽视宣传而尝到了卖果难的苦头。

由此我联想到，不仅卖桃会出现这种情况，在很多农产品销售上也都容易出现"重生产、轻宣传，愁销售"的问题。为此，农民朋友不妨在提高农产品质量的同时，在宣传上多下点功夫，在销售上多花点心思，通过多种形式多种方式抓宣传，抓促销，在保证产品质量的前提下，打造自己的品牌，注册自己的商标，使自己的产品名扬天下，做到"酒香更兼巷子浅，不尽财源滚滚来"。

三、注意事项

在进行即兴评论环节的时候，考生还应该注意以下几个方面：

1. 首先要用精练简短的语言概述自己抽到的考题，便于考官查找相应的资料，进入你的评论。

2. 表达自己的观点要鲜明，不能模棱两可，不能语焉不详，不能东拉西扯，不能说了半天还没有说到自己正题上。

3. 评论语言要干净简练，不要用太多口语助词副词，像"那么""就是说""然后"之类的连接语言，"啊""哎""嗯"之类的语气词要尽量避免高密度出现。

4. 身体在评论时要保持自然，不要手舞足蹈，情绪过于激动。

5. 语言最好要轻松幽默，不要危言耸听，不要上纲上线，举重若轻。用事实讲道理，贴近听众，是最好的评论方式。用语应该符合考生自己的身份。

6. 注重开场白和结尾。开场白有多种多样，比较常用的有"设问式""叙事式""抒情式"等，看你用哪种习惯就用哪种。一时想不出一个好的开场白的时候，最好利用当时的环境从看到、听到的一个生动有趣的细节说起，然后过渡到自己的话题上来。在力争开场白精彩的同时，不要忘了有一个耐人寻味的结束语。稍微总结一下自己的观点，便于听者理清自己逻辑脉络。说结束语时注意，最好要把抽到的命题原话或者自己根据材料提炼的主题结合到结束语当中去。

7. 千万不要冷场。即兴评论当中的冷场，是考生失分的重要原因。当评述开始后，应该一边说一边"审视"自己，脑子里不要评价刚刚说过的话，不要考虑怎样说得更好，不要考虑老师及周围人对自己的评价。你要不停地说、说、说，不停地说下去，哪怕语无文采、前言不搭后语也没关系，一个目标：不能停，说下去！

8. 平时要多练习即兴评论，发现其中的规律性技巧，等上了考场，你

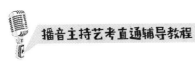

就一定会成功！

练习材料

材料1：和父母的代沟

评述：

现在很多年轻人总说和父母有代沟，没有办法和父母进行沟通交流。但是父母终究还是父母，有代沟就要努力去消除，不可能有了代沟就听之任之，经过我们有意识地去改进之后，我们就会发现我们和父母之间的交流顺畅很多。

首先我想说一说，代沟为什么会存在。由于两代人生于不同的成长环境，拥有不同的教育背景，所以对于同一种事物的看法、观点会有所不同。我们生活在一个科技不断发展的时代，每天似乎都会出现新的事物，互联网的出现让我们汲取信息的速度远远超于上一代人，而我们的父母很多时候却无法理解，甚至不能接受某些事物或者观念。所以，我们应该多鼓励父母接受信息化的生活方式，让我们的父母尽量地贴近时代的发展，对于很多信息都在逐渐地接受过程中，慢慢地理解我们年轻人的想法。

与此同时，我也在与他们交流的过程中，换位思考，去理解去沟通，想一想父母的生活环境和教育背景，想一想父母的想法是否有他们合理的因素，用他们能够理解的方式去和他们交流。这样我们就会发现，父母有他们自己对生活的判断，有父母丰富的生活经验和人生阅历，这都是作为年轻人的我们无法企及的。因此我们在和父母交流过程中，如果出现隔阂，我们年轻人真的应该换位思考，多多接受父母的人生经验和对我们的劝告，你会发现代沟不存在了，我们却拥有了生活中的强大精神支柱。

材料2：工匠精神

评述：

所谓工匠精神，既是一种做事的态度，也是一种从业的追求；既是一种职业的操守，也是一种文化的传承。

我曾经观看过一部《我在故宫修文物》的纪录片，其中的经典画面让我深有触动。文物从破烂不堪到精彩夺目的修复过程令人叹为观止，对于一群能够守着旧日时光，耐得住内心寂寞的工匠表现出的那种自信从容和精湛的技艺以及发自内心的波澜不惊，令人由衷敬佩。

堪称工匠者，必有着对事业的沉静与专注，必有着对细节的关注和对品质的追求。他们继承传统而不泥古，融会贯通推陈出新；他们诚信重诺，视质量品牌为生命而决不妥协姑且；他们摒弃浮躁，沉潜于事滴水穿石，有事业心而无功利心。

著名数学大师陈省身有一个信条：一生只做一件事。细想下来，古今中外凡有成就的科学家、画家、音乐家等，都是全身心投入所热爱的一件事中，几十年如一日，持之以恒，不断探索追寻事业的极致，不断完善充实自己的人生，最终在自己的领域颇有建树，享誉天下。

作为一种文化基因和精神传承，工匠精神为各行各业所必需。可能我们无法一夜之间让所有人都意识到匠人精神对于这个社会的重要性，因为人们由物质文明到精神文明的转变需要一个过程和消化的时间。但在现今物欲横流的世界里，那些依然坚持的匠人们却如一股清流为我们带来了一份追求纯粹的美好和朴质的情怀。

材料3：我喜欢的明星

评述：

作为一个不太爱运动的人来讲首先想到的是姚明，这是为什么呢？我记得西方媒体特别喜欢一句话"中国人只适合玩小球"这句话乍听上去可能有些刺耳，但是我们又不得不承认我们在篮球和足球方面的不足，但这个时候姚明站出来了，他以中国人的身份打进了美国 NBA 联赛，486 场比赛中场均得分 19.3 分，个人最高纪录单场拿到了 41 分的好成绩，再看国内，2008 年奥运会带领中国男篮打进世界前八强，但在姚明退役之后中国男篮连中华台北队都没打过，虽然说有些让人难以启齿，但是我们无法忽视姚明在整支球队中的作用是多么大。

当然优秀的成绩离不开平时的刻苦努力，我记得小时候听过这样一个故事，当时看球场的大爷说，姚明这个人非常努力，大冬天训练的时候，鞋里面能倒出水来，咱们可以想象一下，姚明的身高和体重比咱们一般人要大，那么相应的他在运动时候的运动负荷也比咱们一般人要大，从中我们可以看出姚明是多么努力。

最让我喜欢的是他那颗平常心了，我记得美国有一个叫辛普森的橄榄球运动员，他在美国的地位相当于姚明在中国的地位，他在退役之后陷入了杀妻、酗酒等各种各样的丑闻之中，最后也是身败名裂。反观姚明，退役后从北大学习再到体育解说员再到篮协主席，我们仍能在篮球方面看到他，姚明已经把篮球融入自己的生活中了，这种能够正确看待功与名的心态不仅仅是体育界，乃至世界上来说都是非常稀缺的。

最后还是要说一句，一个人要想成功，不仅仅需要一颗能够征服世界的野心，更需要一颗能够包容世界的宽容之心，最后也是希望我国的各行各业能够多多涌现出像姚明这样的业界巨人。

材料4：背诵古诗文，过时了吗？

评述：

现实中，新闻经常会报道一些知名人士对"七月流火""明日黄花"等成语的误解和误用。而"诗词大会""成语大会"等节目的热播，也表明了民众对我们自己的传统文化有着深厚的情感积淀。最新出炉的普通高中新课标公布，古诗文背诵篇目由原先的14篇增加至72篇，从2018年秋季开始实施。面对新规，赞同者很多，但是学生"头大"、家长"焦虑"的也不少。

不同的反应在情理之中。加强中华优秀传统文化教育，已经成为国家"共识"。对于历史所造成的传承断裂，以及长期应试教育所导致的传统文化教育缺失，相信很多人都有感受。

事实上，绝大多数的家长几乎从孩子启蒙时期就让他们开始了简单的古诗词背诵，这并非出于应试教育的功利考虑，而是出于对传统文化的认同。除此之外，我们需要确认背诵古诗文的必要性。背诵不是简单粗暴地对知识的占有——如果只是这样，互联网时代，机械地获取知识早已不是问题。

我们需要认识到：第一，背诵并不是一种已经过时的能力，而是一种从小训练的"童子功"。第二，背诵是中国传统文化代代相传的实践经验。所谓书读百遍，其义自见；熟读成诵，出口成章；大到哲学层面的贯通，小到语感的积累，都是建立在满腹诗书的基础之上。可以说，在文学修养成长方面，实在是没有捷径可走。

当然，新课标更为深远的意义，在于其导向作用：它必然会引导社会、学校、家长及学生从小学开始更为重视对古诗文的背诵和学习。对那些不喜欢古诗文、即将进入高中阶段的学生，也许会面临着短期的阵痛，但也应该秉持开放的心态：通过背诵的明确要求，未尝不可激发潜力，"打破"基础知识和作文水平难以提高的"困局"。

材料5：共享单车的利弊

评述：

赤橙黄绿青蓝紫，共享单车已成为不少城市的街头风景。在城市的很多地方我们都可以发现共享单车的身影，它们或停放在马路边，或停放在大楼旁，只要扫一扫二维码，人们可以方便地获取共享单车带给我们的便捷服务。骑着它让我们节省了时间和体力，确实方便不少。但是最近我们又听到了很多对共享单车批评的声音，这些批评认为共享单车目前在城市的街道随意地摆放缺乏管理和维护，很多车辆由于没有人管理和使用变成了"僵尸车"，阻塞了行人的道路，严重影响了市容市貌。那么对于共享单车这样一个新事物以后该如何发展？对于它所带来的问题我们如何解决？这些都有待于我们去探讨。

其实在目前，共享单车的"行车道"在不断拓宽，而治理管理的责权也在逐渐明晰。我们听说最近在某座城市，为规范共享单车发展，仅仅一个城区就有近 600 个规范停放区域，并计划试点"电子围栏"，不按规矩停车者可能就无法使用。所以说，虽然新闻报道了很多共享单车造成了城市问题，现如今都已经得到规范。

不仅共享单车在迅速崛起，共享汽车、共享充电宝、共享雨伞等也如雨后春笋般生长。科技改变生活，这种共享经济大潮谁也挡不住。共享单车能在较短的时间内掀起一股能媲美当年网约车的浪潮，足以证明它的出现是一个趋势。

共享单车的实践经验证明，平台企业早已成为事实上的公共服务提供者，也需要参与共同治理的过程。同时，这样的治理过程也离不开每一位使用者的参与。普遍的自律、规范的服务、清晰的底线，在这样一个共享时代，个人、企业、政府的良性互动，才能使新事物造福社会。

材料 6："飞行汽车"

评述：

经历堵车的朋友们一定常常这样想，要是我的汽车能插上翅膀，飞过去就好了。你别说，这个想法现在真的实现了。新事物一出现，总是伴随着新鲜和神秘，今天咱们就来聊聊飞行汽车。

早在 20 世纪，美国就发明了第一辆飞行汽车，通过汽车智能飞行驾驶保障安全，但是没有得到普及，最近苹果公司推出了较为平民化的飞行汽车，与此同时，谷歌公司也在智能研发和推进。那有朋友要问了，既然说是较为平民化的，我们该如何购买和体验呢？在飞行汽车发布会上，说明了购买飞行汽车，首先要填写申请表，审核通过后，交付全款 500 万，随后驾驶员将进行培训和规则考试。只要你的物质条件允许，并且通过培训掌握了一定的驾驶技能，你就可以拥有一辆飞行汽车了。这个购买流程比想象的更要简洁清晰。以至于社会上的一些有一定物质条件和对新兴事物感兴趣的朋友，已经按捺不住激动的心情跃跃欲试了。

而我们的政府也时时关注这种社会动态，2017 年 5 月，针对飞行汽车，我们党中央领导人就在珠江召开了会议，研究飞行汽车的法律法规。

毕竟"有安全的起飞有保障的降落"有起有落才能让新生事物在新鲜和神秘中良性发展。

此时此刻，我们不禁为现在的科技飞速发展而激动，想象一下，不久的将来我们马路上的交通状况，汽车不仅在路上跑，还在天上飞，拥堵的交通状况成为历史，说不定我们每一个家庭都会拥有一辆能在天上飞的汽车，那该多么神奇啊！期待那一天的到来。

材料7：年轻人如何看待"洋节"？

评述：

近几年，"情人节""圣诞节"这些西方的节日逐渐进入中国，并且很受年轻人喜欢。那么我们年轻人如何看待"洋节"？

在日益发达的社会上，人们对于追求新事物，追求身边不同的事物和现象越来越起劲，不少年轻人热衷于过起了洋节，对于这些洋节所包含的文化含义知之甚少，大多都是青年人聚在一起吃吃喝喝，或者是狂欢一番。社会上很多商家也就此抓住商机，大力炒作，希望借助洋节来刺激消费，从而提高商业收益。

对于中国的年轻人，对新鲜事物感兴趣本无可厚非，但是如果一味追求消费和娱乐就有待探讨了。如果因为洋节而忘记了本民族的传统，这就应该引起我们的深思。我们的中华民族有悠久的历史和文化，也有自己众多的传统节日，如中秋节、清明节、春节，这些节日已经深深印在中国人的心里，并且外化为一种生活方式，身为中国的年轻人，体会自己国家的文化，不仅仅是一种文化素养，更是一种文化传承和责任。

外来的西方文化，带来了新鲜的空气和鲜活的生活方式，年轻人多了解西方文化是值得鼓励的，这有助于我们民族文化的创新和对外文化的交流。但是，如果一味盲目追捧西方，从形式上模仿西方，而忘记了本民族的优秀传统，这是应该引起我们警惕和深思的。这说明很多年轻人的"崇洋媚外"已经成为一种习惯和思维方式，应该被我们改正。而借助洋节，大肆消费，更反映了青年人的空虚，教育部门应该大力发扬和传播中国文化，来填补青年人的精神真空。

材料8：如何看待国学热

评述：

近年来，在中华民族复兴的大背景下，作为文化复兴重要体现的国学热可谓日益"升温"。孔子学院海外开花，大学增设国学课程，名人著书演讲，中小学诵读国学经典……国学热，涉及如何继承和弘扬优秀传统文化，意义重大，从某种意义上说，当前的国学热是中华民族开始复兴的重要标志。对于目前的国学热，我们也要理性思考，客观判断，特别是青少年学习国学，我们更应该有科学的规划，长远的眼光，才能真正使国学发扬光大，并且与时俱进。

国学是中国传统文化的经典，是几千年积淀下来的宝贵文化遗产，每一位华夏儿女都应该从小就开始循序渐进地学习，终身研读不止。然而当前的"国学热"却存在着某种程度的炒作成分，有些人只是去凑热闹。其次，对国学也同样有个扬弃的问题。取其精华，弃其陈腐的内容，随着时代的发展，我们逐渐会发现国学中有的文化是不符合我们当今的主流价值观，因此，我们应该以积极的态度对待国学的讨论，是今天我们应有的正确态度。

在新世纪、新阶段，要想真正地振兴国学，就应该夯实基础。小学、中学都应该重视国学教学，让年青一代增长关于国学的知识，熟知一些关于国学的文化思想经典，并懂得发挥我们传统文化的特长，为我们今天建设中国特色社会主义的伟大事业服务。习近平同志强调，优秀传统文化书籍"其智慧光芒穿透历史，思想价值跨越时空"，我们要汲取传统经典中奔腾不止、自强不息的进取意识，并用之于当代社会，振奋我们的文化自信和民族精神。要涵养底蕴之气、养吾浩然之气，在新的历史条件下，更好地理解传统文化的智慧。

材料 9：我的人才观

评述：

每个人都希望自己成为一个人才，什么是人才？不同的人又有不同的答案。有人说人才就是比一般人更强的人，例如具有比一般人更为高深的学问，比一般人更为强健的体魄，比一般人更为聪明的大脑，这样的人往往被大家称作人才。持有这种观点，我们作为一个普通人总是努力要使自己变得优秀，使自己在很多的能力方面优于一般人。

我们看到很多家长，为了不使自己的孩子输在起跑线上，往往给孩子报很多的辅导班。什么绘画、钢琴、英语、电脑，孩子奔波于不同的业余爱好辅导班之间，身上也肩负着家长望子成龙的期盼，却留下一个不快乐的童年。社会进步的同时给年轻人也施加了不少的压力，我们看到在招聘会上，毕业生也在使尽浑身解数向用人单位证明自己是对方要找的人才，高学历、能力、工作经验等都成为证明自己是人才的砝码。

记得儿时有一部美国电视连续剧叫作《加里森敢死队》，恰恰就表现了不一样的人才观。在这个敢死队中，除了队长加里森外，其他成员全都是判了重刑的罪犯，在和平环境中他们看起来就是社会的渣滓，不学无术混迹在社会底层，但是在特殊的战争环境中，他们的劣根性和旁门左道的功夫却成了对付敌人，克敌制胜的利器。在这场斗争中他们几乎全部成为英雄。这个影片当时给观众留下了深刻的印象。

从中我们也可以看出一个道理，对于人的才能我们如何来衡量，不同的人，对他量才录用，他个性的才能和才华被充分发挥出来，那么他就是人才。我们衡量人才，不能用统一的标准，唯一的尺度，来衡量形形色色充满个性的每一个人。

材料 10：文化自信

评述：

看到这个题目，不禁想起了中华文化的璀璨，中国文明的源远流长。我们从小就生活在中华文化的环境之中，受到中国传统文化的浸染和熏陶，我们热爱着这片生我养我的土地，也热爱着这片土地上的文化。中国的诗词、书法、音乐、宗教都是独具魅力的，吸引了全世界热爱中国文化的人。

今年美国总统特朗普访华期间，他的小孙女用中国的普通话朗诵了一首诗，赢得国际舆论的喝彩。我们看到，自从改革开放以来，中国由于自身经济的逐渐强大，也开始在国际舞台上发挥自己的文化优势。很多外国人开始学习汉语，每年也有大批外国留学生前来中国学习中国语言和文化，充分说明中国文化自身的魅力。中国每年有很多文化交流活动，都受到海外受众的热烈欢迎。中国的昆曲到海外演出，赢得大批观众，中国的文物到海外展出，更是大放异彩。中国的传统经典名著，更是被翻译成多国语言在海外广为流传。

当我们出生在地球上，我们也处在一定的文化系统之中，这是每个人都无法选择的。文化是什么？文化是民族的一种精神，一种生活方式，更是我们民族屹立于世界民族之林的理由所在。汉民族的悠久灿烂的文化，早已被世界公认。珍视本民族文化，继承我们民族的文化传统，发扬我们民族的文化精神，代代相传、发扬光大，并且不断推陈出新，这才是我们民族文化的出路所在。在当下的时代，要想展现文化自信，必须推陈出新，在传统文化的基础上，不断创造属于本民族的新的文化元素和精神，表现出我们民族文化的活力和生命力。

材料 11：美丽中国

评述：

美丽中国，中国美丽。

这是我们从小学就知道的，并且不断在我们的口中吟诵。的确，我们伟大的祖国是美丽的，从古至今，无数的文人墨客都写出无数优美的诗歌篇章歌颂我们的祖国。我们祖国的山河，或大江大河，或小桥流水，或江南烟雨，或塞外风情。我们的祖国，拥有不同风格的山水，拥有多种多样的美。最近，美丽中国不断被媒体提出来，似乎成为我们的一个奋斗目标，这就让人费解了。难道我们的祖国不美了吗？

自从改革开放以来，中国经济快速发展，中国工业化程度也在不断提高，与此同时，环境也为此付出了高昂的代价。比如中国水污染情况严重加剧，很多河流由于工业化废水的排入而造成河道污染。还有雾霾的出现，就是大量工业燃烧的废气、汽车尾气和燃煤等造成空气污染严重。在乡村，大片植被遭到破坏，水土流失严重。所有这一切，都是在社会工业化进程的道路中所出现的现象。

现在，我们把美丽中国的概念摆上日程，就是要使我们的国家在经济发展的同时，建设我们的生态文明，使人和自然能够和谐相处，走绿色可持续发展之路。经济建设要搞，自然环境的建设同时不能放松。美丽中国，不仅仅是中国本身的自然的美丽，更是在经济建设发展中，我们对自然维护的"美丽"，对环境呵护的"美丽"，对生命尊重的"美丽"。前不久，国家政府对雾霾的治理，就让我们看到了希望。相信，在不久的将来，我们在享受科技的进步与物质财富丰富的同时，我们也能看到一个崭新的人与自然和谐共荣，现代文明与原始自然默契共存的一个美丽的画面。

材料 12：无人超市

评述：

现在"无人机""无人驾驶汽车""无人的银行"等这些自动化的服务系统正在走进人们的生活。"无人"似乎象征着一种先进的技术，带有某种时尚的意味。前不久，我们在网上看到，某地"无人超市"也开始进行试点营业了，这确实是一件挺新鲜的事情。无人超市，就是超市在售卖过程中，没有超市管理人员和收银员，全部由顾客自己挑好货品，然后扫码付费，整个销售过程由顾客自己完成。这样的营业模式看起来节约了人力成本，似乎是超市以后的新的发展方向。

但是，无人超市在营业过程中却出现了一些问题，值得我们深思：比如由于超市没有管理人员，很多顾客在购买商品的时候进行挑选，打开了没有付钱不应该打开的包装，还有的顾客看过商品之后没有放回原来的位置，超市的货物很快就变得很凌乱。更有奇葩的现象，夏天由于天气太热，很多大爷大妈跑到开着冷气的无人超市里，就地坐在地上，而且很多人一起乘凉聊天，久久不离开，无人超市就变成了"乘凉的茶馆"。

随着社会的进步，科技的发展，我们会接受很多新鲜的事物，很多创新的尝试。在这里我们要提醒的是，任何一项尝试和实验，都需要国民素质的提高和对公共秩序的默契，才能使我们的新事物顺利进入我们的生活。如果我们的国民，总是凡事图自己方便，破坏了本来给大家服务的某种设施，那么我们很多公共服务系统的改进尝试将会举步维艰。

无人超市，由于其大大节约管理成本，而且不间断地营业，在不久的将来，肯定会成为店面零售行业的主要形态。相信随着大家公共意识的提高，很多现象会逐步得到改善。

材料 13：我看"低头族"

评述：

提起"低头族"这个词，很多人就笑了，"这不是说我吗？"是啊，在现在这个时代，谁不是低头族？谁没有整天低头看手机的习惯？如果说有，那肯定是稀缺的少数。

低头族，是说那些整天低头看手机的人。手机真是一种奇怪的事物，有人说它代替了世界上很多东西，传统的报纸行业由于手机的出现而大大萎缩，传统的零售行业由于手机购物软件的出现已经改变了经营模式，传统的广播电视在手机新媒体面前也自愧不如，电视的开机率大大降低。可以说，手机改变了我们这个时代。所以说，手机新媒体确实有极大的魅力和魔力，使很多人成为整天抱着手机的"低头一族"。

手机媒体好不好？从媒体特性上来说，如此方便快捷的多媒体新媒体，当然好。但是，如果由此催生出了"低头族"，那么在我看来，就不好了。不好就在于人们对于这种新事物的"误用"。比如，现在当人们坐在一起吃饭的时候，往往出现这样的画面，本来面对面交流的人们在餐桌上所有的人都低头看手机；还有在学校的课堂上，本来需要聚精会神听课的时候，很多同学却边听课边低头看手机；还有当朋友之间进行谈话的时候，有人在路上走路的时候，边走边低头看手机，结果造成碰撞，使自己或他人受伤；如果在开车的时候，习惯性看手机就会造成更大的更惨重的不良后果。

材料14：你如何看待微商

评述：

你的微信朋友圈有没有出现很多商业信息？你的微友有没有很多人变成了微商？你对于这样一种朋友圈的变化和微友关系的悄悄变化有没有感到不适应？今天我们来谈谈微商的话题。

微商一直以来都被看成是一种很有争议的话题，微信的朋友圈本来是熟人之间互通信息、交流感情的一个空间，但是随着近年来朋友圈子的慢慢扩大，很多人利用朋友圈做起了生意，在微信里开起了商店。有些人在熟人之间推销产品或者推广业务，也有很多不熟悉的路人也混入朋友圈，依靠套近乎做起了买卖。

首先我们看到，朋友圈的微店、微商，确实大大方便了很多人购物消费。当自己比较亲近的人给自己推荐商业产品的时候，对相关产品的信任度肯定比较高。同时微信转账也比较方便，形成交易往往是瞬间的事情。很多的产品借助微信、微商就得到了推销，不能不说，微商给消费者和商家都提供了方便。

各种商业活动进入微信这个社交平台，同时传销和虚假交易也在这里寻找契机，在这种情况下，微信中的商业活动就不再是私人之间的事情，而是需要相关部门能够实施管控，从而杜绝在微信中进行商业欺诈。当人们在微信朋友圈发布相关信息的同时，也应该有规范意识，遵循"微信朋友圈使用规范"来规范在朋友圈发布的交易信息。

微商到底为消费者造福还是造成伤害，我们应客观地分析。如今的微商市场已不再是一小群人的事，而是呈现了一个新的"社会现象"。在一定程度上，虚假交易会削弱了微信的价值，自从有了微商之后，微信朋友圈就经常出现频繁刷屏，各种广告图文信息不断堆积，如果朋友圈商业信息泛滥不加以引导就会影响公众对于微信这种社交媒体的好感，微信也会和微博一样因营销内容泛滥走向落寞。

总之，希望微信中的商业行为能够被加以合理地引导，让网络空间中的商业行为更阳光、健康地发展。

材料15：未来人工智能会抢走播音员主持人的饭碗吗？

评述：

着眼当下，人工智能无疑是一个让人类又爱又恨的存在。人们爱它是因为它可以帮自己分担一些不愿意做的事情，恨它是因为人类逐渐发现随着科技的进步技术的提高机器人在某些方面竟然可以做得比人类更好。于是关于人工智能会不会和人类抢饭碗这一问题，一时间众说纷纭。就目前来看，人类的很多职位都被智能机器人取代，或者说人工智能取代。所以人类在享受高科技的同时，也会带来对自身存在的反思和危机。

播音主持专业会不会被人工智能取代？不过我认为至少对于播音主持专业来说根本不用担心。因为再高端万能的机器人也无法拥有一样东西，那就是感情。而这一点对于语言工作者来说是最重要的。

从刚接触这个专业开始，老师就在教育我们不要当读稿的机器，要真听真看真感受，因为只有内心丰富起来才会有更加真实立体的表达。比如在体育解说类节目中我们虽然可以将解说词利用人工智能解读出来，但是在进球的一瞬间对于人工智能来说可能永远都只是一句：球进啦！而人类则不然，我们可以通过现场气氛的渲染，针对不同的比赛背景情况表达出不同情绪不同意味的话语。

所以我想，如果不想自己最终被人工智能取代，那么当务之急就是保存自己独有的优势并且更好地发展它。这就需要播音员主持人不断地通过学习来丰盈自己的内心世界，拥有一颗细腻感性的心去认真对待每一次话语传播，学着打破屏幕的限制使自己亲切得就像是在和受众面对面交谈。

毕竟心的贴近情感的碰撞永远是机器人学不来习不得的，而这就是我们得以在这次人机大战中取得胜利的终极武器。

材料 16：雾霾悄散，事在人为

评述：

2017 年，北京交出了一份出色的"蓝天答卷"，许多人也能真切感觉到，改变在悄然发生——北京的雾霾天越来越少了，蓝天变得多了，人民都很有获得感。许多人记忆中，还留存着 2013 年 1 月雾霾锁城的痛苦记忆，但在 2017 年秋冬季，人们普遍感到，北京都没有"像样"的重污染天，空气质量好得有点"习以为常"，以致蓝天不再"刻意"刷屏朋友圈。

当然，北京超预期的成绩，除了天公作美，也来源于超常规的治理。五年间，北京的环保执法堪称史上最严，对固定源立案处罚总计 1.62 万起，处罚金额 5.9 亿元；其中，查处大气类环境违法行为 8519 起，处罚金额 2.1 亿元。执法的密集和高压，对大气污染违法行为造成有力的震慑。五年间，京津冀在大气治污上不仅实现了联防联控，还建立了严格的治污考核和监督机制。习近平总书记曾指出："我们既要绿水青山，也要金山银山。宁要绿水青山，不要金山银山，而且绿水青山就是金山银山。"这一饱含哲理的生动论述，旗帜鲜明地宣示了我国大力推进生态文明建设的坚强决心，形象深刻地诠释了经济开发与生态保护的辩证关系。

北京发生的改变告诉我们，治霾事在人为，只要把"铁腕治霾"做到位，将"人努力"尽可能发挥到极致，根治雾霾并非遥不可及。

这也正是"北京经验"的价值所在。许多地方的民众如今不再调侃"京霾"，转而赞扬北京雾霾治理的成效。好天气要一天一天地去争取，PM2.5 治理要一个微克一个微克地去抠。北京的这份"蓝天答卷"令人欣慰，但也要看到的是，大气治污是个长期而艰巨的过程，要做到让民众真正满意，未来还需在"人努力"上加把劲，把治霾措施继续做精、做细。

材料17：如何看待很多职业将消失，被人工智能取代

评述：

人工智能，就是模仿人类的智力和行为所设计出的智能机器，它可以根据很多具体的情况和环境做出既定动作，帮助人类完成很多工作，大大提高了生产力，提高了劳动效率。在这项科技不断进步的同时，带来了人类职业的很大变化，很多岗位被机器人取代，很多职业因此而消失。我们知道，工业生产流水线上很多环节都是由人工智能完成，比如安装、组装甚至设计等带有创造性成分的工作也由电脑完成。在这些工业环节的制造岗位，人工智能比人类具有更大的优势。首先，人工智能和机器操作使工业成本大大降低，机器人没有假期，没有休息，不需要人类所需要的娱乐、节假日，甚至没有工资，不需要医疗等保障，可以完成任何具有危险性的不适合人类去完成的既定动作，这对于商业、制造业无疑会节约巨大的人力成本，为企业带来更大的利润。所以在这些领域，人工智能代替人类，已经成为既定的事实，工业化制造环节中人工智能还将延伸其运用范围，逐步取代更多的工人岗位。人工智能所触及的领域不单单在于工业制造业，在电脑软件业、金融领域甚至家庭生活中，我们处处可以看到人工智能的影子。比如我们现在走进银行，发现很多银行已经没有人工柜台了，有的只是一台台的电子显示屏；在电脑软件的设计和修改中很多也是由人工智能来完成的；现在人工智能走进了寻常百姓家，很多家务活也由人工智能来分担，比如扫地机器人、智能汽车。

面对人工智能取代人类工作的情况，很多人感到的是危机意识，担心我们自己的知识结构能否赶上时代的发展，我们自己的工作职位是否会被人工智能所取代。这样的心情是完全可以理解的，人不是机器，当然有缺陷，有软弱，在很多事情上带有很大的不稳定性。但是面对科技的发展，我们应该抱有正确的态度，应该可喜地看到目前科学的发展对我们生活带来的变化，然后认清自我，充满自信，找到属于我们的可贵价值。作为新的科技时代的人才，我们应该加强自身的文化修养和综合素质，培养人文精神、创新意识，在工作中不满足于眼前的苟且，相信人的价值是不会被

人工智能所取代的。

材料18：如何看待女性美

评述：

自古以来，女性被认为是美的化身。很多画家就把女性作为自己笔下的创作对象，想画出女性的美。比如毕加索的名画《蒙娜丽莎》，就包含女性那神秘而典雅的魅力；中国古典名画《仕女图》则表现了古代贵族女性的某种生活形态。无数诗词歌赋也把女性作为自己描写对象，赞美女性的美。比如我们所熟知的李白的诗"云想衣裳花想容，春风拂槛露华浓"就是描写唐代杨玉环的美；徐志摩的诗句"最是那一低头的温柔，恰似水莲花不胜凉风的娇羞"抓住日本女性那柔美娇羞的特点。像这样的描写女性美的诗歌在历史上真是不一而足、浩若烟海。那么如何来正确看待女性的美呢？这可能就不是一个单纯的感官问题，而是带有某些思想和文化的眼光才能搞清楚的。

首先，我认为，美就是健康，自然。现实生活中很多女性为了追求自己内心的美的标准而刻意对自身进行强制性改变。比如不健康的减肥、节食，使自己体重减轻；还有不惜对自己动刀，进行美容手术。这些方法运用不当，都会对自己的健康造成难以挽回的损失和伤害，这个时候，所谓的美就更无从谈起了。

我们知道，女性的美在不同的时代不同的地域也有不同的表现。我们常用环肥燕瘦来形容美的不同形态，这是由于时代审美观的不同而造成的。而今天的多元化的时代，我们应该有多元化的审美观，而不能僵化地运用同一标准来衡量不同的美的形态。

应该强调的是，美是外在的美和内心的美的统一。如果一个外形很漂亮的女性，内心却很丑陋，我们就不能说她是美的。如果一个内心高尚，但外形欠佳的女性，我们从她的身上能看到更广阔的女性的光辉，这其实更是一种大美的体现。

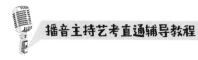

材料 19：如何看待大学生创业

评述：

在目前中国的人才市场上，大学生就业难已经成为常见的现象。为了促进大学生就业，国家和相关部门发出提议，号召大学生群体到社会上市场上自主就业，希望可以缓解目前大学生就业形势的严峻，提高大学生就业率。另外，也希望通过年轻人的自主创新，可以活跃中国市场，刺激新兴产业，给我国经济带来更多的新的经济增长点，从而推动中国经济的发展。于是在现实中就出现了很多大学生群体纷纷自主创业的浪潮。

那么大学生创业前景到底如何呢？在现实中我们确实看到不乏成功的例子。但同时也有一部分大学生创业却遇到困境，甚至出现创业失败，在这当中出现的很多问题值得我们深思。

大学生在创业的时候，是否掌握市场需要的核心技术，是使自身创业能立于不败之地关键所在。如果只是一时头脑冲动，而没有长远的市场规划，失败就是在所难免的。大学生群体在市场中属于青年群体，这样的群体管理经验势必缺乏，面对风云变幻的市场经济，能否在关键的时刻做出正确的商业选择，对于青年人来说，肯定是一个不小的难题。

所以我们说，大学生创业确实是利国利民的好事，但大学生这个群体需要国家和政府的关爱和引导，需要政府在管理过程中能够给予大学生更多的优惠政策；在技术方面能介入高水准的行业培训和核心技术支持；在市场培育上能有更多的专业引导，只有多方面关怀大学生群体的创业情况，多方面支持大学生创业的创新行为，才能使我们的大学生在市场中真正找到属于自己的一方天地，大学生创业才能成为大学生就业和发展的一条阳光之路。

材料 20：勤俭节约是一种美德

评述：

勤俭节约是中华民族的传统美德，不管什么时候都应该提倡勤俭节约。人类物质资源是有限的，我们少部分人在满足了温饱奔向小康和富裕的生活中不要忘记了我国还有很多人生活在贫困线上，还在为基本的生活而奔忙。因此，不管我们的生活如何的富裕，都不应该忘记勤俭的美德。

节俭的品德，往往是受人推崇的。我们熟知的很多伟人先驱、革命先烈，他们的生活是极为简朴的。革命先烈方志敏，身为将军财产却只有几件破汗衫和几双破袜子。敬爱的周总理逝世后没有儿女，没有存款，留下的遗物也是极其简单和质朴的。他们一方面为祖国为人民做出伟大的贡献，一方面自己的个人生活确是极其简单，不能不说体现出一种伟大的人格。在新的时代，我们应当继承这种美德和传统，才能使中华民族生生不息，屹立于世界民族之林。

当然，随着社会生产力的迅猛发展，人们的消费观念也发生了较大的变化。勤俭是我们的美德，但不能成为束缚我们消费的一种理由。我国经济迅速发展，商业、服务业等行业也面临快速发展的势头，如何面对历史机遇拉动内需，提高人民生活水平，刺激国内经济快速发展，成为摆在我们新一代人面前的经济问题。我们要明确，刺激经济和勤俭节约并不矛盾，我们还是要从前人的优良传统中牢记艰苦奋斗的精神，忆苦思甜，只有这样我们的国家才能够日益兴旺发达，人民的生活才能越来越富裕。

第二节 模拟主持

模拟主持是播音主持专业考生经常会碰到的一种面试形式，其基本要求大致为：在规定的时间内根据要求主持一段由考生事先准备的相对完整的节目。模拟主持考试涉及的知识面相当广，就像高考语文作文一样，模拟主持是一个包括报考播音主持专业学生综合素质的最高体现，涵盖了多方面的考核内容。语音、发声、语言组织、思维逻辑、个性形体、表情姿态，几乎所有考核的项目都可以在这个考试中体现出来，所以面面俱到是不可能的。

一、话题的引入

成功的入题，可以在瞬间唤起受众的注意和兴趣。主题要吸引人，并使其明白主旨。要自然而然地引领着受众步入话题，展开话题。

开场语：主持人通过简要讲述，与听众之间架设起互相信任的沟通桥梁，开场可以激发情绪拉近观众和主持的距离，交代话题由来和相关背景，预设节目的基调，或者一开始就设置悬念，激发观众的收视兴趣或者用趣味性的讲述引发受众对节目的兴趣。

开场语的表达方式：

1. 开门见山式

这是一种直接概括的揭示话题主旨的进入方式，这种开头的特点是单刀直入，简洁明快，让人在短时间内进入主持人所设计的思路之中，给人感觉干脆利索，直截了当，运用开门见山直切主题的方法，需要高度的概括能力和高超的语言表达能力。要能够精确地提炼其宗旨，精确地表达其内涵，以清新明快的姿态将话题呈现在受众面前。也可以先将节目的主要内容和信息的关键点精彩部分提炼出来。在节目一开始就向人们加以介绍和推荐。这样入题，既可以增强吸引力，使受众产生心理期待，又可以帮助他们做好收听收视的心理准备。

在面试的短时间内，开门见山地进入正题是把握节目节奏和时间分配的较好形式。

2. 迂回入题式

主持人借助相关或不太相关的内容预设某种前提，调动受众的兴趣，在人们不知不觉中进入节目。这种入题方式多用于社会性话题，其特点在于那些常见或一反常规或有情有趣或典型新鲜的事例做引子，从凡人小事入手，从身边的现象谈起。实现以小见大，以示行人，以情感人，以理服人的宣传效果。或者讲一个小故事、小笑话，从观众容易接受的形式自然入题，很多著名主持人如崔永元就常常使用这种方式。在面试中让考官在不知不觉中进入你的节目不失为一个良好的开局。

3. 引发思考式

主持人创设悬念或提出疑问的表述，构筑一个受众积极参与的思维场。在法制类的栏目中，这种手法被普遍的应用。如果考生准备的节目，在内容上有生动曲折的情节，可以采用这种方式。另外一种常用到的开场方式的谈话节目是话题评论，通过提出问题吸引观众的注意力和思考兴趣，一步步进入主持人的评论思路。

4. 情绪渲染式

主持人抒发情感，感慨万千，用自己的情感点燃受众的情感，并确定节目基调。通过对周围景物或环境因素的观察、捕捉，触景生情，借景抒情地进入话题，可以为节目营造出一种和谐亲切的现场气氛。运用这种技巧需要注意的是借用景物和环境不要牵强附会，矫揉造作。

二、话题的衔接

转换话题的进行，离不开衔接和转换。熟练地掌握衔接语，可以帮助我们顺利地完成起承转合，使话题的进程层次鲜明，环节清晰，观点突出，富于节奏。

话题的衔接，可以承上启下，运用言语对节目的不同环节、不同内容进行上挂下联的组织，让受众感受到其中的内在联系。话题衔接还可以设置悬念，主持人用提出疑问，或用类似相声里的抖包袱的趣味方式衔接后面的内容。话题的衔接语为后面的话题铺路搭桥。在节目进行过程中，当某些环节遇到障碍时，主持人为推动节目进程而随机应变地说几句话，就使节目进程更加流畅，有水到渠成之感。

衔接语的表达方式：

1. 引用资料、逐渐推进

话题要层次清晰、逐步深入，单纯用语言来实现起承转合衔接变化，有时会略显单薄，适当"用事实说话"，可以使转折自然，容易为受众接受。

2. 言简意赅，画龙点睛

恰当的插话，精当的评议，引申纠偏，耐人寻味。设置悬念，引人入胜，一波未平一波又起，主持人可以通过自己的语言把一个平淡的故事引向高潮，调足观众的胃口。

3. 巧用重复，突出焦点

重复是捕捉现场嘉宾观众的话，或者反应，又或者借用播放的短片中的某个情节加以复述。它既表达主持人的倾向，又不会有强加于人的感觉，这样不仅有助于对原句的理解，而且由于变化产生了新的刺激，可以加深印象，强化认识。在一个人主持的面试节目中，这个技巧可以用于复述自己引用的某个人的语言。

三、话题的结束

在充分地展开一个话题之后还要巧妙地将它结束。精彩的结束语，不仅可以突出话题的主旨，起到画龙点睛的作用，而且可以升华主题的意义，使受众在更高的层次上审视话题的价值，并把这种关照问题的方法辐射到其他的事物上，产生"余音绕梁，三日不绝"的效果。结束语并不一定非得说上一大段话，有时候水到渠成，不需多说就不必要再说。有个别主持人总喜欢在节目终结之时喋喋不休地同观众套近乎，说上一大堆话，虽然节目很精彩，但他的结束语却给人一个狗尾续貂之感。作为面试的结束语，更要言简意赅，惜字如金，就如同写文章锁住的豹尾一样迅捷而有力。

结束语在话题结尾可以起到概括的功能，在运用议论终结节目时可以对节目内容作出简要的归纳，用提纲挈领的话表述；结束语对毋庸置疑或已经取得共识的结论性的认识，可以语气肯定，用精确简洁的语言说得明白清楚；在必要的情况下可以不做面面俱到的总结，还是抓住关键之处，通过深化议论和点睛之语，给予强调；通过议论的拓展，设疑引思，给人以启迪；或通过抒情性的表达，使思想感情得以升华。

练习材料

材料1：电梯频现吃人事件你怎么看？
评述：

电梯吃人，听着就够可怕的，可是电梯的安全问题确实在我们身边不少，应该引起公众和有关部门的高度重视。有调查显示，在诸多导致电梯安全隐患的因素中，电梯制造质量问题占16%，安装问题占24%，而保养和使用问题高达60%。我国电梯出厂时需通过国家相关质量标准检测，产品质量基本过关，目前绝大部分事故根源都集中在"维修保养"这一环节上。

根据以上信息，我们意识到电梯安全问题是我们社会不可小觑的问题。可见电梯的安全使用，离不开各个部门的尽职尽责，更离不开使用过程中的时时保养维修。电梯从生产线上的检测，到商品房的开发商对电梯的采购、小区物业对电梯的维护以及电梯使用的业主对电梯的监控和安全意识，都会影响到电梯的安全。这些环节中任何一个环节出了问题，都会影响电梯使用的安全程度。一旦电梯出现问题，诸多环节互相推诿，问题迟迟得不到合理的解决，不少争议及评论铺天盖地，有评论电梯生产厂商"无奸不商"的、有议论政府监察及法律规范不到位的，也有评论消费者安全意识匮乏的，等等。问题出现了，到底是谁的错？恐怕所有的环节都难逃干系。

在看到这些评论时，我们不妨反思下，我们是不是也是这个相关产业中从业者，哪怕是螺丝钉、按钮等不起眼的配件企业。那我们企业是不是也存在着潜在的安全隐患，我们作为一线工人、企业管理者，是否也将自己的产品做到尽善尽美呢？在这个社会中，我们每个人都起到着不可或缺的作用，当我们批评社会中存在的问题时，也映射着我们可能潜在的问题。能在发现自己的问题时勇于改善，也就是自律，那么，电梯安全、食品安全、家风文化传承，和谐社会建设都不再是问题。

材料 2：电视相亲节目是不是对爱情的不尊重？

评述：

随着《非常完美》《相约星期六》等电视相亲节目的兴起让人们开始发现原来相亲这个原本很私密的事情竟然也可以被搬上舞台，交往这个应该很慎重的事情竟然可以在短短十分钟内决定下来，但是以这样的方式好像也有人可以找到真爱。那么电视相亲节目到底是不是对爱情的不尊重呢？我认为一定程度上是的。

中国传媒大学教授徐舫州曾说，现在的相亲节目实际上是娱乐节目、真人秀节目，服务功能被淡化了。的确，在经济发展、人们思想日趋开放、媒体竞争日益激烈的背景下，本应以为单身男女找到爱情为主要服务目的的电视相亲节目越来越成为以满足受众的娱乐需求为目标，成为以索取经济效应为驱动的婚恋型真人秀节目。而真人秀的本质在演不在真，加之电视节目作为商品的一种，本身具有商品属性，所需考虑收视率和经济效益等各种问题，节目中的各方面信息无法做到百分百的真实，这对至善至诚的爱情无疑背道而驰。所以，从本质上讲，相亲节目是在秀感情、演感情、消费感情，确实是对真爱的不尊重。

但是反过来说，如果此类节目在顾及收视率高低的基础上同时还可以在选人用人包括后期跟近方面严格把关承担起应有的责任与义务，那么这样的节目也许是大家更希望看到的吧。

材料 3：广场舞扰民现象

评述：

现在我们经常能在街心花园或者小区广场上看到上了年纪的大妈在跳

广场舞，这样的活动让一个城市充满生活的情趣，也让上了年纪的大爷大妈有了丰富的娱乐活动，既锻炼了身体，又增加了群体性的交流，这不能不说是一项值得推广的老年健身活动。但是最近，我们又听到了很多对于广场舞的负面评价，主要是认为广场舞太吵闹，跳舞的伴奏音乐往往声音过于嘈杂，影响了周围居民的起居。

对于广场舞扰民这种现象，应当理性地看待。一方面广场舞的盛行及大众乐于参与说明人们的业余生活得到了丰富；但另一方面广场舞及其相关的一些活动确实在进行中缺乏统一有效的管理，影响了其他群众的公众生活，需要社会的重视。出现由此引起的种种纠纷不仅与广场舞参与者在观念和时间选择上有关，还与其他群众的包容理解之心有关，但归根结底在于社会资源缺乏、社区管理不完善。因此，针对这一现象，不只是需要各类人群的相互理解和包容，更需要在管理、制度和自律上重视。

具体应该从以下几个方面来解决：政府方面：加强政府的监督管理，引导与规范；加强相关的防治噪音污染等立法；完善公共服务系统，增加公共活动场地，开拓更多的丰富中老年人生活的休闲消遣方式。社会新闻媒体方面：加强宣传力度，引导中老年人理性跳广场舞。不能因为自己的一时乐趣而打扰到他人的正常生活；呼吁社会共同关注中老年人的精神生活。作为年轻人，作为中老年人的后辈，也应该理解和主动关心老一辈的生活追求，常回家看看，多与老人沟通交流，在精神层面上给予中老年人最大的抚慰。

材料 4：酒驾代驾，代驾就真的"安全"？

评述：

现在私家车越来越多了，相信大家也有过在平时的应酬上，既需要开车，又迫不得已需要喝酒的情况，到最后只好叫亲朋好友过来帮忙开车，或者叫代驾。因为现在酒驾在全国各地都抓得严，所以随之旺起来的一个行业——代驾。

但是现在代驾门槛越来越低，司机驾驶技术参差不齐。大多数车主叫代驾的方式都是吃完饭和朋友出饭店或者酒店门口时，叫那种等候在门口的代驾司机。然后一帮穿着"滴滴代驾""e代驾"等代驾平台制服的代驾司机就围过来问你需不需要代驾，商量好路程多远、价钱多少，上车走人，到达后给现金或者转微信支付宝。这种方式虽然方便，但是对我们车主其实是没有什么安全保障的。

开车喝酒找代驾，原本无可厚非。但是在目前代驾市场比较混乱的情况下，消费者还是要多多考虑自身的安全，避免后患。目前在社会上就不乏出现与代驾产生的纠纷，比如代驾本身缺乏安全意识造成车辆事故，或者消费者车内物品有损坏丢失的情况发生。面对这些问题，我们建议：代驾一定要找有正规资质的代驾公司，正规的代驾公司在各个方面都严格按照流程执行，对发生意外后的各种责任划定也都有相关的规定，车主的权益都可以得到有效的保障。尽量不要找私人代驾，一般私人代驾都不属于正规的代驾公司，驾驶员鱼龙混杂，代驾过程中车主的人身财产安全均不能得到有效的保障。

找人代驾并不能完全令人放心，广大朋友在需要代驾时，请留意代驾公司是否正规，最好在酒前约好代驾，在清醒时签订代驾合同。

材料5：赌博成为农村过年"新年俗"？

评述：

近些年，春节返乡聚众赌博，已经恶化成为一些农村地区很普遍的"年俗"。春节，本该是一个团圆祥和的时节，却成了一些农村地区赌博的高发期。甚至有人微博感慨：赌博成了一些农村地区过年的唯一娱乐方式。

赌博的危害自不必说，小则引发家庭邻里不睦，大则引发吵架斗殴，更有甚者，陷入深渊倾家荡产，走向更危险的犯罪边缘。事实上，赌博的危害还不是表面那么简单，它更是一个违法犯罪的温床。

某种程度上来说，过年赌博行为高发，就跟农村地区游乐设施、精神产品匮乏不无关系——很多时候，赌博是打发时间、排遣无聊、寻求刺激和娱乐的一种产物。近年来，随着经济收入的不断提高，一些农村地区的居民，或外出务工，或做生意，逐渐富裕起来。但"精神贫困"现象也日益凸显。很多旧年俗正在消逝，新年俗又没有填补上来。忙碌了一年后，过年更是一场精神集中消费。但一种年俗或者节日习俗，之所以值得被传承，是因为它有着积极的价值观和文明的向心力。赌博，显然不该也不配成为"新年俗"。

我们需要精致文明的乡村，而不是粗犷恶俗的乡村。所以，荡涤农村地区的赌博恶习势在必行，而接下来如何让农村"更有文化"，同样值得我们去思考。

材料6："2017年双十一狂欢剁手　旅游消费居高"

评述：

双十一您剁手了吗？有朋友跟我说啊，双十一疯狂买买买，她不光剁手，胳膊、腿也都要剁没了。今年双十一消费的统计数据显示，旅游消费在总消费中居高，并且出境游占比最大。这说明了一个巨大的变化，我国已经由物质消费转为精神消费。

随着中国的经济发展，中国人有钱了，他们愿意到世界各地去旅游和消费。许多旅游地区和国家由于有大量的中国游客的到来而生意兴隆、财源滚滚。中国人的购买力真的是超强，一趟出国旅游往往是大包小包地往回买，让很多商家乐开了花。

可是，当境外国家享受着中国旅游消费带来的巨大经济效益的同时，为什么他们却依旧反感中国人的素质，甚至要在很多区域单独设置汉语的标志来提醒中国人不要违反公共秩序和法则。走在异国他乡，我们痛心地发现随地吐痰的大多都是中国人，在公交地铁火车上说话声音最大的还是中国人，甚至还有母亲让小孩儿在洗手池内小便。母亲爱孩子，很好理解，但如此这般损害公共利益的爱，真的恰当吗？这就是我们国民素质的典型吗？

可喜的是，随着消费由物质向精神方面倾斜，越来越多的国人，更注意自己精神的丰腴。在外出旅行时，并不单单把自己作为一个旅人，而是把自己当成一张名片，这个名片的正面印的是国人的脸，背面印着两个字：中国。他们在一点点努力，努力让各国友人看到他们可爱的脸庞，努力将中国真正丰富积极的价值观表达给世界。

材料7：谈谈中国的贺岁片

评述：

所谓贺岁片是指元旦春节期间上映的影片。寻求欢乐和放松是观众在逢年过节，尤其是春节期间普遍的心理需求。这就决定了贺岁片的风格，轻松幽默，具有强烈的观赏性和娱乐性。因此其题材多与百姓节日期间的喜庆祝福的生活与习俗相关。形式多是娱乐性较强的喜剧片和动作片。贺岁片最早起源并流行于香港，从20世纪80年代开始每到岁末，香港演艺圈内的一些明星都会拍几部热热闹闹喜气洋洋的影片献给观众。这些影片大多数以恭喜发财家有喜事等象征性的吉祥如意的词来命名，内容上也基本满足以下两点：首先是喜剧，其次是相对圆满的大团圆的结局。

1995年成龙的《红番区》是第一部以贺岁片的名义引进中国内地的影片。当年的票房收入仅次于好莱坞大片《真实的谎言》，1998年著名导演冯小刚拍出了中国内地第一部贺岁片《甲方乙方》，开启了中国内地的贺岁片市场。此后投拍的贺岁电影一年多过一年，越来越多的知名导演加入执导贺岁片的行列，贺岁片经过十几年的发展在目前中国市场已呈现相对饱和的态势，这就使得电影的档期相对不合理，同时也浪费了一部分电影资源。由于贺岁片基本属于旱涝保收的影片，过多的精力放在贺岁片上往往会影响电影艺术的进取性、创新性，不利于我国电影的长远发展。

材料8：如何看待高雅艺术进校园活动

评述：

我认为高雅艺术进校园是一件好事。近年来，通过高雅艺术进校园活动，学生们有了一个更好地亲近艺术、聆听大师提升艺术素养、感受艺术魅力的平台，高雅艺术，是人类优秀文化的沉淀，是经典，积极向上，催人奋进。很多同学表示当代青年并不是不喜欢高雅文化，主要是因为了解和接触的不够。这反映出高雅艺术在校园的普及程度尚浅。因此，只有不断地宣传弘扬高雅艺术才能使更多的学生了解并进而喜欢高雅艺术。高雅艺术能够润物无声地起到教化的作用，通过欣赏高雅艺术，学生们不仅感受到艺术世界的奥妙和乐趣还获得了音乐文化历史等相关知识，扩大自己的知识面。然而对高雅艺术进校园活动，也有人提出异议，有人认为，文化传播形式现在已是多元化，尤其是网络电视已进入学生的生活，没有必要再请高雅艺术到学校演出。还有人认为用几场演出，提高学生的艺术修养，无异于杯水车薪，我认为高雅艺术进校园活动，并非一朝一夕之事。但是在各界人士的共同努力下，相信高雅艺术进校园活动，必将在继承和创新中不断前进。

材料9：暴力视频公号是真的伸张正义吗？

评述：

近日，网络涌现大量宣扬以暴易暴主题的短视频公众号，像什么泽哥啤酒浇头，怒办嚣张放贷者，农民工讨薪未果，腾哥洗浴中心怒揍黑老板等。这些公众号大多都有10万以上的阅读量，而且每个公众号都有专属的粉丝群。律师表示，法律明确禁止传播暴力信息，此类视频虽然冠以"公平正义""惩恶扬善"，实质是以暴易暴、宣扬暴力，已触犯法律。

那么问题来了，为什么这种暴力公众号会发展得如此壮大呢？首先从发布者手段来讲，他们会在一个公众号发布主题，下面点击阅读原文后会进入另一个公众号以此躲避监管平台的监察，而且推送文章大多是冠以"正义""正能量"等字眼，很容易迷惑民众，加上民众的法律意识淡薄，举报意愿和行为不是很积极。

从内容来讲，推文中的内容都是当下社会中很敏感的一些问题，像什么校园贷、拖欠农民工薪资等，当社会问题无法彻底有效解决时，很多人就会出现以暴制暴的念头，暴力公众号正是抓住了民众的这种心理。

从平台来讲，暴力公众号能发展到十几万的阅读量，平台负有很大的监管责任，而且长期放任不管会给社会造成很恶劣的影响，尤其是对青少年的影响。所以说要解决这样的问题不仅需要监管部门，运营平台的各方努力，更需要我们每位网络参与者擦亮双眼。同时我们也试想一下，如果民众在现实生活中遇到不公平的遭遇，一般情况下都能够依靠法律部门的依法行政，用法律保护自身权益，那么这类以暴易暴的江湖套路是不是就没有多大市场？谈到这里，我们还是要呼吁依法治国的重要性，从根本上解决社会上的暴力行为。

材料 10：如何看待央视的文化类节目《国家宝藏》的热播

评述：

2017 年年初央视的《朗读者》给文化类综艺开了个好头，到了 2017 年年底，央视又推出了大型文博综艺《国家宝藏》，这档第一集就收获豆瓣评分 9.3 分的节目，可以说是给今年圆满地收了个尾。

节目集结了以故宫博物院为首的九大博物馆，每个博物馆选出三件文物组内 PK，每件文物都有一位明星守护人来讲述这件文物前世今生的故事。最后由网络投票，每个馆选出一件文物代表，参加即将在故宫太和广场的国家宝藏特展。除了充足的文物支持，《国家宝藏》还组了个专家智囊团，不同领域都有大佬支持，力求节目里每一句话都有史实根据。

正如每个学生在书本里曾读到过的那句话：我们的文化阵地，自己不去占领，别人就会去占领。在青年人的文化生活中，外来文化所占的比例，实在是太重。动漫领域里日系动漫的影响力，电视剧领域里日剧、韩剧、美剧，流行乐坛充满竞争力的外语歌手这些都可以看到外来文化对我们年青一代的强大影响。世界文化本就多姿多彩，百花齐放，无可厚非，但身为一个中国年轻人，最大的遗憾大概是看到三国的历史竟被用在日本出的游戏里，《花木兰》的出品公司是迪士尼。中国人自己的文化，自己却不能很好地传承和发扬。我们想想，五千年文化的口号喊起来响亮，但如果最具活力和话语生命力的年青一代对这五千年的印象只是空泛肤浅的，又从何谈起文化自信？千年文脉，谈何传承？

《国家宝藏》的热播，让我们中国人形象直观地领略了中国灿烂的传统文化，让年轻人走进了中国文化的世界。我们希望，类似这样传承、传播中国文化的节目能更多地在媒体上播出，为中国文化的传播贡献一分力量。

材料11：如何看待社会上保姆虐童事件频发

评述：

近年来，关于"保姆虐童"的事件和报道经常出现在各媒体当中，很多保姆在看护孩子的时候，和家长是当面一套背后一套，当着家长的面，保姆对孩子是万般宠爱，恪尽职守，而一旦家长不在面前，保姆单独和孩子相处的时候，就出现对孩子拳打脚踢、大声呵斥，有的甚至出现用针扎孩子的现象。对此，人们不禁要问：在人们的物质文明和精神文明都取得很大进步的今天，却出现这样多的虐童的保姆，这到底是为什么？

对待这类现象，很多人就说，这个看孩子的保姆人格缺失、道德败坏，是家政服务行业里的败类。这样的人根本没有资格做保姆，更没有资格去看护一个幼小的生命。保姆的性格和道德因素当然是虐童事件的首要原因。

但是这样的虐童事件频发，真的就只能归咎于孩子父母用人不当吗？难道这样的事件一而再再而三地出现，就真的只是保姆的个人原因吗？纵观各类"虐童"事件，究其根源，家政行业管理不规范难辞其咎。

我国是人口大国，家政服务行业市场非常庞大，当中所遇到的情况也是异常复杂。我国家政服务业起步较晚，很多管理没有跟上现实的脚步，面对广大的市场，政府相关部门没有及时地出台相应的市场管理和跟踪机制，导致市场和服务不规范的情况频频出现，这才是此类事件发生的根源。俗话说：没有规矩不成方圆。对于任何一个市场，缺乏了相应的行业标准，缺乏了相关的法规及监督机制，就会引起这个行业的混乱。从业者无所适从，消费者的权益得不到保障，业绩优秀得不到奖励，胡乱作为得不到惩罚。这样的市场势必出现很多乱象，虐童、虐老的事件当然就会频频出现。

可见，为提高家政行业的服务质量，政府相关部门制定和出台相关的法律、政策已是当务之急。一方面，政府要扶持家政行业，让雇主找到合适的家庭服务员；另一方面要有相关部门监管家政行业，提高家庭保姆的素养，培训他们的相关法律意识，从各方面把好用人关，才能使保姆这个行业成为让人放心的行业。

材料 12：如何看待媒体中的明星八卦新闻
评述：

在以前传统媒体时代，很多小报热衷追踪报道名人的隐私八卦，这是大家所熟知的。近几年随着互联网新媒体的发展，关于报道明星八卦的新闻似乎是越炒越烈了。我们最近看到，什么王宝强离婚案，什么王菲谢霆锋和好，还有某某明星出轨，这样的新闻八卦，你方唱罢我登场，不断占据我们的视野。面对这种社会现象，我们应该怎么看待？

其实，明星八卦新闻之所以受到的关注度高，这和群众的好奇心理是分不开的。古今中外，只要是名气越大的人，人们对他的私生活关注度就越高，越是好奇他身上发生的生活细节。媒体追踪明星八卦新闻就是迎合了人们的这种猎奇心理。但是，我们也应该看到，媒体对明星私生活的报道无疑会对报道者的心理和生活产生极大的困扰，谁也不愿意永远生活在媒体的聚光灯之下，谁都希望有自己的私人空间。所以我们看到，被追踪的明星同报道的记者之间往往会发生摩擦和冲突。

作为大众群体，猎奇心理本来是正常的心理，但凡事一旦过度就产生了偏颇。目前媒体当中就出现了这种对明星八卦过分热衷的现象，明星绯闻类、离婚类、官司类八卦铺天盖地，明星稍有动作就引起舆论的极大关注。这种现象是否正常？这种形式是否应该被提倡？答案是否定的。对于明星的过分关注，过度追踪和报道，不能不说是受众群体内心空虚的体现，不能不说是媒体创作力乏力的体现。面对这样的现象，文化生产和创作部门要拿出优秀作品去吸引受众，也要从观念上去引导和教育受众，让受众明白，媒体是展现优秀艺术作品的平台，而不是明星八卦泛滥的场所。

材料13：推迟上学时间，让教育慢下来

新闻背景：中新网杭州3月5日电，自浙江率全国之先提出"推迟上学"以来，关于该举措是否真能为学生及家长"谋福利"的讨论不绝于耳。3月5日，不少家长在接受采访时表示，"推迟上学"是让教育"慢"下来的体现，其不仅延长了孩子将近半小时的睡眠时间，也令他们上学更加从容。"推迟上学"即浙江近期出台的《关于在小学施行早上推迟上学工作的指导意见》。该政策要求小学一、二年级学生早上到校时间不得早于8：00，上课时间不得早于8：30。此外，黑龙江也决定该省小学生、初中生早晨到校时间由之前的7：10后不同时间推迟到8：00。

评述：

小学开始着手实施推迟上学的事情，并计划将一、二年级学生到校时间调整为8：20，这样的措施让人拍手称快。对这样的举措不少家长对此都很认同，认为不仅为学生提供了充裕、从容的早餐时间，还缓解了小学"上学早、放学早、接送难"的矛盾。"推迟上学"的实行，着眼于学生睡眠时间不足以及上学路上交通不便的事实。磨刀不误砍柴工。睡眠时间保证了，学生上课时的精气神也就出来了，效率就高了，这是一件事半功倍的事情。

针对不少双职工家长提出的关于"推迟上学"影响上班时间的疑虑，胡君表示，目前大部分学校都会安排教师管护早到校的学生。"目前，还是有一部分学生出于各种原因早到学校，为此，我们在每一层的走廊设置了图书角，孩子们可以任意取阅。"

现在的教育工作者和管理者越来越意识到，教育是一门慢的艺术，不能速成，而是要让孩子自然而然的成长，在生活中快乐地去学习成长，要让孩子从容面对生活，给学生喘气、发展的空间。而不是整天为了赶时间为了完成教学任务去学习。"推迟上学"释放出的教育理念，不仅仅是减负，更多的是自然宽松的教学、学习环境和方式，健康成长、快乐生活的生活方式。

材料14：如何评价迪士尼万元插队费

新闻背景：陈女士和孩子在"小矮人矿山车"门口排了两个小时的队，眼看就要轮到了，结果发现一群人从出口处进来直接插在了她们的前面。她和其他游客有些恼火，上前质问服务人员后，才获知这是VIP团，可以免排队，随到随玩。事后，陈女士向《法制日报》反映，VIP团其实就是"插队团"，上海迪士尼为此收取了天价"插队费"，她认为这样的做法侵害其他游客的合法权益，有违服务合同。

评述：

最近，上海迪士尼乐园VIP插队团事件吸引无数眼球。很多游客本来辛辛苦苦等了好几个小时，终于等到自己时却发现被VIP团横插一脚，弄得众多游客怨声载道。那么问题来了，为什么会有这样的现象呢？

表面上看，迪士尼作为自由经营的市场主体，有权在法律允许的情况下，制定其服务策略和收费方式，像飞机、高铁都有商务舱、经济舱，这本无可厚非。迪士尼收的是VIP服务费，既然提供了超值服务，多收一点也是可以的。市场经济嘛，经营者自主定价，差异化服务差异化价格，也是通行法则。而且迪士尼并没有强买强卖，官网上明码标价，理直气壮，一个愿打一个愿挨，似乎没什么可质疑的。但是，门票背面的"游览告知"，或是网上迪士尼的"游客须知"里，均未提到普通游客遇到VIP团时应尽到哪些义务，很多游客是在不知情的情况下被插队，迪士尼在保证游客知情权方面有失妥当。

VIP超过正常很多的收费之所以能够成立，在于提供了超值的服务，可迪士尼提供了什么样的超值服务呢？这个VIP服务无非是不用排队就可以入场，通俗地说只是插个队的费用。这种服务上的差异是通过降低普通游客的消费体验为代价取得的。迪士尼不妨去问问那些买VIP服务的人，问问他们到底是冲导览服务，还是冲不用排队去的？高价 VIP 服务费之所以能成立，之所以有人愿意买单，是因为门口排着几小时才能进场的队伍，是因为排队实在太辛苦，天气实在太冷，等待的滋味实在太难熬。这才让优先进场的资格显得如此金贵，才撑起了迪士尼要高价的底气。上海迪士尼作为大陆唯一一家迪士尼乐园有着广大的市场，利益来自于更广大的普通消费者而不是 VIP 团，对迪士尼来说，可以办 VIP 团，但起码要完善相关的信息发布，这是行业准则，也是对普通游客的尊重；其次，完善对 VIP 团的服务规范，最大限度地减少对普通游客的影响。这才是今后VIP 团的发展方向。

材料 15：守住节俭过年底线，彰显文明新风尚

新闻背景：每逢过年，有人就会大包小包地往家里"运货"，似乎购置越忙活、年货越多，年气就越浓、越喜庆。问题是，春节尚未过完，有的东西就坏了，叫人蛮心疼的。除此之外还有婚宴浪费、生日宴浪费、大小节假日浪费现象层出不穷。你怎么看待？

评述：

春节是中华民族最重要的传统节日，自古以来人们就非常重视过年团圆这一传统民俗。当人们重视春节并使之成为一年中最大的节日时，它也带来了春节中最大、最集中的消费潮流。现在，买够了"丰衣足食"年货，过年已经成了现实而不是梦想。

春节期间是最为集中的商业销售期，很多买年货为了"连年有余"，这是可以理解的，但越是在这个时候，越应保持弘扬中华民族勤俭节约的习惯，让新的一年不仅能反映交易的活跃，也能体现节俭的优良传统。

很多人觉得自己辛苦了一年，过年放松了，所以开始大量购买，攒了一年的辛苦钱这时候就派上了用场。由此产生的浪费是惊人的。中央颁布了各种政治法令后，工作作风得到了积极的转变。新风气带来了新转变，许多高档酒店、俱乐部冷冷清清，文明和节俭的场面不断出现。在除夕之夜，许多

人似乎不再是沉重的"酒囊饭袋",而是更加注重节约和精神追求。

从春节的紧缩角度来看,有许多地方还需要反思。春节晚餐宴会,热闹非凡,人们常常把满足的想法流于表面,由此产生的浪费惊人。春节充满了中国文化的精髓,每年的情、团聚、交流等不可少,但应避免奢侈。保持春节的节俭,不是要限制人们的正常消费,而是要尽量减少浪费,使人们在新的一年里享受幸福、健康、文明。

春节期间,还应注意迎来送往的礼数。春节是中国人最重视送礼的一段时间,但功利性,让礼品包装也越来越贵,越来越奢侈,缺乏实用性,浪费,这使得正常的礼尚往来变了。礼物愈加贵重,这可能是缺少物质的时代留下的心理阴影。我们需要从一个新的角度来了解。事实上,礼仪一直是中华民族延续的优良传统。对于春节,人们最看重的是家庭团聚,礼物只是衍生品。我们每一个人都需要保持节俭适度的好风气。如果我们在每个节假日都采取良好的消费行为,我们就可以把节俭变成一种主动和自觉的行为,从而创造一个预期的节约型社会。为了使文明彰显,每个人都应该记住它。

材料 16:"尽孝"是权利更是义务

新闻背景:近日,重庆拟立法设立独生子女"护理假"引发网友热议。据统计,目前已经有包括河南、福建、广西、海南等地出台了类似政策,独生子女"护理假"时间在 10—20 天不等。独生子女可自由回家照料父母的时代就要到来了吗?

评述:

近年来,我国陆续出台了一些独生子女"护理假"的类似政策,使子女受到"限制"的老年人依法养老。"空巢"中占据的比例和独居老人的数量在今天继续上升,引入类似的政策无疑是时代发展、人文关怀和社会进步的又一体现!

然而,当我们为这样一个政策叫好的同时,许多人更担心这样一个好的政策不仅会成为"纸上的福利",得不到最终的着陆,而且忽视了问题的性质！

以自身为例，我是家里唯一的孩子。当我看到关于独生子女"护理假"政策的报道时，第一反应是表扬和兴奋，但同时也是一个很大的自责。也许很多人都像我一样。我们再认真思考思考，也许我们太忙了，没时间和父母待在一起？我们经常有很多时间玩手机，但我们没有时间和父母一起看电视。有很多时间陪伴我们的朋友，但是没有时间和父母一起散步。我们可以在外面浪费很多钱，经常跟父母抱怨工作太忙。我们总是有这样的借口不履行、不孝顺，容易忽视父母对我们的养育。

当我们看到两鬓斑白的父母，感叹时间都去哪儿了的时候，我们真的做了什么？时间不再返回。随着独生子女的"护理假"政策再次成为热门话题，我在此呼吁大家：爱护父母。珍惜我们所拥有的，或者对有些人来说，是做孝心的唯一机会，即使我们只是在一起，简单地说几句话。与其听着《一封家书》，想着《常回家看看》而泪流满面，不如打个电话，唠叨几句话！

最后，我希望大家都能拿起我们的"孝道"的责任和义务，记住"尽孝"是你的权利，更是义务！

材料 17：别让敬畏之心缺了位

新闻背景：近日，有多名网友反映，河北省石家庄市正定县的古城墙修葺后成了人们攀爬、玩耍、拍照的"攀岩墙"。攀爬者中不乏成年人，在没有保护措施的情况下，攀爬至数米高，家长在下面拍照。由于没有保护措施，爬城墙不仅存在安全隐患，也可能对文物造成破坏。对此，当地文物保管所回应称，已对攀爬者进行劝阻，并将采取更完善的保护措施。

评述：

从文明古迹前随地吐痰到在景区上随意乱涂乱画，旅游不文明行为可谓花样百出，现在更是有人攀爬数米，用自身行动把古城墙变成了"攀岩墙"。不文明行为可谓是没有最恶劣只有更恶劣。古城墙屹立了 1600 年，算是一个历经沧桑的老人，从时代的变化看，也算是中国古代战争的象征，现在却倒在了一个游客的脚下。讽刺的到底是谁的心？新闻媒体报道一出，人们纷纷谴责游客不应做出这种不文明的举动，也对文物保护的监督管理工作感到愤怒，但真正的问题可能是出在心上，是人们对文物缺少了敬畏之心。

文物是人类宝贵的历史文化遗产。它们是古代文化继承与传承的体现。因此，无论什么样的文化遗产，我们都应该向他们表示崇高的敬意。如何加快旅游开发，保护文物不仅是政府和文物保护的问题，也是社会道德的重大挑战。

诚然，作为直接责任方的景区对于古城墙文物保护是不完善的，只有一个"禁止攀爬"的标志并不足以阻止人们爬台阶，几个简单的阻碍不会让人产生畏惧，只有适当地运用法律的戒尺，才能将攀爬者永远地赶下古城墙。

"文物承载灿烂文明，传承历史文化，维系民族精神，是老祖宗留给我们的宝贵遗产，是加强社会主义精神文明建设的深厚滋养。"我们不断倡导文明新作风，建设文明社会，而这应该是每个人的责任。对文物的不尊重就是对文明的不尊重。我们不能丧失素质，阻碍社会进步，心怀畏惧才能砥砺前行。

材料18：高三学生刺死班主任

新闻背景：9月14日，江西抚州临川二中高三学生雷某因课间玩手机被班主任收走。因班主任孙某要求通知雷某家长，雷某心生不满，趁班主任孙某在办公室备课毫无防备的情况下，手持一把水果刀割破班主任孙某的颈动脉，致其当场死亡。

评述：

学生杀老师，临川二中雷某不是第一人。2012年6月，江苏科技大学大四男生吕存孝连捅该校能动学院副院长路诗奎13刀致其死亡。2010年7月，同为18岁的陕西三原县青年陈晨和张鑫因没有钱花，抢劫昔日的初中老师刘某，在其身上连刺数刀，并将刘某的女儿郑某杀害，共抢得现金

300 元，等等。师生之情，本是人间最纯洁、最高尚的感情之一，但是，一起起校园血案的发生，值得全社会深刻反思：本该纯洁的师生关系，为什么会变味？

改革开放以来，我国的公民道德建设取得了长足进步，整个社会思想道德主流还是积极向上的。但我们也必须清醒地看到，社会道德领域还存在诸多问题：少数人道德失范，诚信缺失，价值观扭曲，是非善恶不分；拜金主义、享乐主义、极端个人主义悄然滋长；见利忘义、损人利己的现象也时有发生。其负面影响，不言而喻。而当前的教育形态也普遍存在着智育重于德育的现象，总是希望孩子学越多的知识越好，有句话说"现在是幼儿园学小学的知识，小学学中学的知识，等到了大学再回头学幼儿园的知识"，虽然这并不是普遍的现象，但依旧是不容我们忽视的一个重要问题。

教育事关民族的未来，国运的兴衰。教育家陶行知曾经说过："先生不应该专教书，他的责任是教人做人；学生不应该专读书，他的责任是学习人生之道。"无论是学校教育，还是家庭教育、社会教育，都应当纠正"英雄只问成绩"的错误倾向，把教学生如何做一个身心健康的人放在首位，让教育回归求真育人的本真。

材料 19：小学生花父母数万元打赏游戏主播

新闻背景：近年来，网络直播越来越红火，随之兴起的便是"打赏"。所谓"打赏"即用人民币购买的虚拟礼物打赏主播，引起主播的注意。虚拟礼物的价格也有高低之分，有一块钱的"玫瑰花"，也有上千块的"游艇"。近日，家住上海的 13 岁女孩小下，在短短两个月内，给自己喜欢的网络主播打赏了 25 万元，而小下的母亲孙女士却毫不知情。据孙女士说，从 2016 年 12 月 25 日就开始，每天都会有几千块的支出，直到最近发现异常，已经有累积 25 万多。在家人的再三追问下，女儿小下承认，是自己偷用家长的手机，将这 25 万通过一款直播 APP 打赏给了自己喜欢的网络男主播。为什么最近才发现呢，原来小下交代，因为每次汇款成功，母亲的手机都会收到扣款提示信息，为了不让母亲知道，小卞都会第一时间将短信删除，所以，直到25万块钱全部花光，家人也一直毫不知情。而最后孙女士也是通过微信支付发现的交易明细，孙女士的银行卡平均每天都有两三次的交易，每次的支出数额不等，最多的一次竟然达到了9500元，累计下来已经支出25万元。

评述：

最近一段时间以来未成年人天价打赏网络主播事件频频发生。2016年7月，12岁少年小赵沉迷网络直播，半个月狂刷支付宝3万余元打赏主播。紧接着，急于追回钱的哥哥，又误把网络诈骗电话当成该直播服务热线，被骗走5000元。父母的5万余元存款损失殆尽。2016年10月7日至11月27日，浙江丽水14岁男孩小明打赏5名游戏主播为其代玩"酷跑"手机游戏，共计花费3万余元。

在互联网越来越发达的同时，带动了消费群体的低龄化现象，特别是对于未成年人来说，事先防范尤为重要。为了避免这种现象的出现，还需要家庭、学校、社会各方的共同努力，培养青少年的网络安全风险意识。同时，网络直播平台应该要尽到监管职责，充分利用技术手段保护未成年人，同时平台应加强对网络主播管理，严惩主播诱导未成年人高额打赏的行为。最为重要的一点，是培养未成年人正确的价值观和金钱观，让未成年人正确地理解钱是来之不易的，树立正确的消费观念，不仅对于网络消费行为，更对于孩子未来各方面的发展都会起到良好的作用。最后我们应当明确的是，这个案件当中的小卞，属于限制行为能力人，支付款项是在账户实际拥有人不知情的情况下进行的，从法律角度来讲，这笔钱是可以追回的。

有的家长觉得"钱"是一个敏感话题，但事实却一再告诉我们，孩子拥有一个正确的金钱观有多么重要。金钱观是对金钱的根本看法和态度，是和人生观紧密相连的。所以在日常生活中，家长应该在潜移默化中给孩子灌输正确的金钱观。正确的金钱观能让我们对钱有一种正确的认识，让我们知道要"取之有道，用之有度"。

材料 20：双十一快递小哥辞职改行

新闻背景：近日，据报道，位于上海市徐汇区的申通快递卢湾公司因人手短缺倒闭，造成大量快件积压。报道中提到，"因为送外卖赚得更多，许多快递小哥都改行去送外卖了"。

评述：

喜欢网购的朋友一定常常和快递小哥接触。可是，狂欢双十一刚刚过去，就听说有一批快递员辞职了。这究竟是怎么回事呢？

参与双十一"剁手"的朋友一定发现了，今年的快递特别快，双十一那天下单，基本在明天或者后天就能到。根据国家邮政局的统计数据，今年双十一期间的最高日处理量达 3.4 亿件，日均处理量也是达到了 2.5 亿件，也就是说快递小哥需要人均每天处理接近 100 个订单，这工作量是平时的三倍。您想想一天跑 100 户人家，打至少 100 个电话是什么概念？艰巨的工作，如果再加上时间的限制，必须准时送达呢？钱是挣着了，可是这庞大的工程，真是让人想想就头疼啊。

在当今，市场在发挥决定性作用的规律下，一个行业是否具有竞争性，最终还得靠性价比来说话。高付出、低收入肯定不会产生持久吸引力。企业不妨用科技提高效率，教会快递小哥们使用机器人智能分拣，降低过重的劳动强度，同时又能提升从业人员的整体素质。如此不是一举两得嘛！另外，除了薪资，还要让快递小哥有保障，有盼头。据了解，快递小哥不签劳动合同，没有社保，在快递行业几乎是潜规则，同时还要面临着客户投诉、合规操作、突发事件等风险。企业要是真想留住小哥们，不妨消除他们的顾虑。拟定一份适合快递行业的制式劳动合同，在加强快递行业规范管理的同时，建立健全安全生产责任制。白纸黑字签订合同，让快递小哥心安。

而对于我们来说，能做到的就是给辛勤工作的小哥多一份关怀和理解，让快递小哥感受到来自我们的温暖和祝福。

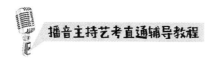

第三节　主题讨论

　　主题讨论是一些高校播音主持专业招生改革推出的一个新环节，在考试形式上打破常规，每个考场同时进去六个考生，主考官当场发给大家一个共同的话题，请考生分别陈述自己的观点，时间为 1 分钟左右。然后各位考生在一起讨论，自由发表演说，展开辩论和讨论，考官会适时打断或提示考生。一般来说，考官给出的话题都是开放性话题，考生不必担心无话可说，但需要调动相关的知识积累，紧紧围绕自己的学习和生活的某些层面展开讨论，这样会显得更有说服力。在辩论和讨论的过程中要注意以下几点：

　　1. 观点鲜明，论据真实

　　2. 听辨冷静，应对灵活

　　3. 逻辑严密，句句在理

　　4. 思路开阔，以点带面

　　总之不要陷于固定的思维模式，要善用正向思维和逆向思维，不破不立，要善于以点带面，小中见大。

练习题目

　　题目1：培根说："知识就是力量。"作为当代的年轻人，请谈谈你的看法。

　　思路提示：

　　（1）"知识就是力量"这句经典名言最早是培根说的。知识能够丰富人的思想，能够让人更聪明。我们获得知识，通过思考就能解决我们以前所不知道的很多问题，这时候，知识就是力量的一种。作为青年人，学习知识当属人生第一要务。丰富的知识可以为未来打下良好的基础，使自己成为一个对社会有用的人才。

（2）"知识就是力量"这句话是不错的，但是把它奉为绝对真理就有失偏颇了。在现实生活中，很多的实践性很强的技能、技艺看起来和知识无关，但是却是人类文化的重要组成部分，也是作为一个有生存能力的社会人应该具备的实践能力。因此作为当代的年轻人，我们不仅要重视有形的知识，还要注重无形的实践技能，可称作"无形的知识"，这才是人类精神文化的全面继承。

题目2：俗话说"有志者事竟成"，请谈谈你对这句话的认识。

思路提示：

（1）一个人要想完成一件有意义的事情，总是不会那么容易，在达到目的的过程中要经历很多艰难险阻，只有有顽强意志的人，才能克服困难，达到自己的目的。意志薄弱的人，很多事情都很难完成，且不说有价值有意义的事情，更是难以克服道路中的艰难。

（2）在成功的道路上不仅仅要有坚强的意志，还要有掌握事物规律的智慧。如果违背事物规律，盲目蛮干，有志者不仅仅不会成功，反而离成功的终点南辕北辙。因此，对于"有志者事竟成"这句话要有正确的认识，这句话应该有一个前提，有志并有智者，事定成。

题目3：在人的一生当中，我们总是需要朋友的陪伴，友谊使我们的生活充满快乐。那么你认为，选择朋友是应该选择性格、兴趣、爱好和你比较相近的朋友，还是和你性格差异性比较大，或性格截然相反的朋友？

思路提示：

（1）俗话说"物以类聚、人以群分"，那么交朋友自然要选择性格、兴趣、爱好和自己比较相近的朋友。性格相同相近，生活方式也比较趋同，对事物的看法也呈现出比较相似的观点，这样也很容易走到一起成为彼此陪伴的朋友。朋友之间有相同的志趣，才会有更多的共同语言，才会愿意更多地互相交流。如果兴趣、爱好完全不同，那么各自的生活重心和时间分配就会非常不一样，也很难走到一起享受友谊的乐趣。

（2）交朋友应该选择更多和自己性格、兴趣截然不同的朋友，这样才可以拓宽自己视野，丰富自己的人生。不同性格的人，比如热情和冷静、活泼和严肃、豪放和细腻，完全相反的性格类型的人完全可以成为很好的朋友，彼此包容欣赏。交更多和自己性格差异比较大的朋友，也许恰恰形成一种互补，使我们的人生更加丰富宽广。还有，如果身边的朋友在性格和兴趣方面都比较相近，无疑限制了自己去了解更多新奇领域的机会，把自己限定在一个相对固定的圈子，这难道不是一种遗憾吗？

题目4：面对当今中国老龄化日趋严重点的局面，你认为老年人是在家养老好，还是到养老院养老好？哪一种养老模式更值得向老年人推荐？

思路提示：

（1）老年人在家养老好处多。老年人在家庭的环境中养老，心理上更有安全感，有家人陪伴有家庭的温暖，有利于老人晚年的幸福感。在家养老，老人的亲人、孩子看望老人更为方便。养老院离家里距离较远，很多养老院在郊区，路途遥远，家人亲人看望照顾老人有诸多不便。

（2）老年人在养老院养老有优势。老人在养老院养老有专人陪护，医疗饮食都比家庭环境要专业。膳食的调理是专门针对老年人的营养配餐，有利于老年人消化吸收。如果老人身体有不适，有医务人员护士的监护，有利于老人的医疗救助。

（3）老年人养老以家庭为单位，但是在社区有监护机制，防止某些家庭对老人的照顾不周，防止孤寡老人无人照料，增强老人的安全感、幸福感。

题目5：面对当今手机全民普及的情况，小学生应不应该配带手机？

思路提示：

（1）小学生应该配带手机，这样家长更放心。当孩子去学校上学，父母就可以打手机和孩子联系，确认孩子的交通安全、身体状况、饮食情况、心理状态等多种情况，快速和孩子建立联系，家长自然就放心了。

（2）小学生配带手机，可以增强生活的自理能力，需要帮助可以用手机打电话联系家长老师同学等，不懂的问题和情况可以随时用手机上网查阅资料，孩子的能力会迅速提高。

（3）小学生不应该配带手机，特别是上学期间，这会严重干扰孩子的注意力，对于自控力不强的孩子，就会在学校用手机长时间上网，严重影响孩子的身心健康。

题目6：海外留学的学子们学成了是归国创业好还是留在西方就业好？哪一种选择更适合个人的发展？

思路提示：

（1）海外留学的学子们学成了归国创业好，不仅有利于个人的发展，对国家的建设和发展也有很大的贡献。由于我国正处在发展中国家的阶段，在创业、就业、商业、市场等各方面都有较多的机会，这无疑对个人发展是很大的推动，个人可以借助机遇成就自我。与此同时，个人的发展和国家的发展是相辅相成的，我们也对祖国发展做出自己的贡献。

（2）海外留学的学子们学成了还是留在西方先进的发达国家更有利于个人的发展。西方社会从经济、科技环境都比国内先进，可以为学者提供较为优越的学术环境，激发个人研究热情；而且西方国家生活环境自然环境都比较好，有利于个人生活。

题目7：如何看待"不要让孩子输在起跑线上"这句话？

思路提示：

（1）当今社会的发展对年轻人提出了很高的要求，年轻人面临前所未有的压力。为了让孩子能够应对以后社会的发展，现在的家长特别重视孩子的早期教育。孩子尽早接受多种技能、学科的教育有助于孩子尽快进入学科体系，尽快对社会上的知识和技能有自己的认知，为以后的学习打下良好的基础。孩子的早期教育，正是孩子在大脑发育的高峰阶段进行的，具有良好的生理基础，可以说是学习的黄金期。如果这一阶段不重视孩子的教育，就荒废了这一学习的良好时期，对以后孩子的学习和发展都不利。因此，抓紧孩子的早期教育事关重大，千万不要让孩子输在起跑线上。在这种观点的指引下，无数学龄前孩子的家长就忙于带孩子参与各种绘画班、音乐班、舞蹈班、英语班等各种课程，小小的孩子就开始进行各种专业技能的训练。

（2）对于这样的观点不能十分赞同。孩子的童年需要欢乐、自由，学习也是在孩子自身带有强大的兴趣和主动性的情况下才能给孩子带来实质上的精神财富。如果只是当作非要完成的功课，而需要学习的功课又非常之多，这对孩子幼小的身心不能不说是一种压力和摧残。生命的意义在于自由和快乐，如果失去了这些，即使跑赢了不管在起点还是终点，人生还有多少快乐可言？这样的人生还有多少价值？奉劝那些持有"不要让孩子输在起跑线"这样观点的家长，应把孩子快乐自由的人生当作首要实现的目标，让孩子活出自己生命的特质才是对生命的善待，如果凡事要比输赢，最好自己去完成，而不要把自己的心理诉求投射在幼小的孩子身上。

题目8： 作为一个消费者，买房置业，是选择空间狭小房价昂贵的市中心的小房子，还是应该选择郊区空间较为开阔环境优美的大房子？

思路提示：

（1）买房置业居住，应该选择地段较好的市中心。在市中心可以享受城市所能提供的便利条件，上班、上学、购物、消费都非常方便，无需路途劳顿。虽然价格昂贵，但节省了路上的消耗，也是值得的。市区环境空间狭小，小区的空间有限，房子也可能买不了大房子，但是房子只要够住就行了，重要的是生活方便。享受更大的绿色空间可以利用假期去郊外旅游。

（2）居住在郊区，别有一番感受，更让人心情舒畅，居住愉快。郊区房子价格便宜，可以买大房子，平时居住宽敞。小区和周围也比较开阔，绿化率高，这些都让人感到不压抑。当然到市区较远是弊端，但是可以网购，避免经常为购物而奔波。上班上学可以开车，这也是现代人的一种生活方式。

题目9： 当今农村的劳动力是应该选择留在城市做打工仔，还是应该选择返回乡间做创业者？

思路提示：

（1）当今农村的劳动力应该选择留在城市做打工仔。因为留在城里有更多的赚钱机会，城市是商业的中心，交易的中心，也是服务的中心，在大城市有更多的岗位可以供劳动力选择，从而谋求个人的发展。现实有很多例子，我们看到农村劳动者在城市中找到自己的一席之地，并且完成了自身身份本土化的过程，成为一个大城市的市民。综上所述，当今农村的劳动力是应该到大城市谋求发展。

（2）农村劳动力留在城市中有很多弊端，我们不从城市发展来讲，但说个人生活和家庭生活质量就会有严重的影响。农村的青壮劳动力都去城市打工，家乡留下的都是老人和儿童，造成严重的社会问题。老年人无人奉养，孩子都成为留守儿童，造成家庭生活的不和谐，不美满。随着我国的发展，目前亟待解决农村的现代化发展，美丽乡村建设成为我们国家建设的下一阶段奋斗目标，国家也会出台各种政策鼓励农民回乡创业。作为农村的新一代青年，就要立志建设祖国乡村，抓住机遇发展故乡经济，而不应该逃避自身问题，去外地做一个漂泊的异乡人。

题目10： 观看外国电影时，你是喜欢看原汁原味的外国影片，还是喜欢看经过配音译制以后的影片？

思路提示：

（1）外国的影片，台词是外语，由外国演员在表演中体现。中国观众在收看外国影片时，由于语言不通，势必会影响观看欣赏的效果，对理解体会影片核心思想和创作情绪产生障碍。而由配音演员译制配音以后的影片就会使观看影片更为轻松，去除了语言障碍使观看者的内心更加专注于影片的画面和演员的表演，会使观影成为一种较为愉悦的体验。

（2）电影是声画一体的艺术，声音和语言是电影艺术的重要表达手段，欣赏电影，不仅仅欣赏精美的画面，还有和画面一体的声音。欣赏原汁原味的电影更能体会电影魅力，通过观影了解不同国家的风情、文化。当今社会，电影观众，特别是年轻人外语水平都大幅度提高，很多观众收看外文原片的电影已经是比较常见的事情。因此，给电影配音这门艺术相信随着时间的发展会慢慢淡出历史舞台。

题目 11：你可别以为两会提案只是"大人们"的事。据《钱江晚报》报道，有 5 份来自中学生的提案即将出现在全国两会上。其中《关于规范家政服务员准入的提案》为杭州二中模拟政协社团的 8 位同学，与广东实验中学的小伙伴共同撰写。中学生的提案为何能亮相全国两会？你对此种现象做何看法？

思路提示：

（1）作为中国人民政治生活中的重大事件，每年的两会都会引发全社会的聚焦。而一个值得关注的新现象是，近年来两会出现了不少青少年的身影，从"新华小记者"直接参与两会采访，到此次的"学生提案"上两会，青少年们的参与越来越具有深度性。学生模拟"两会"进行学生提案，引导学生积极参与社会政治生活，加强青年学生对现实对政治的责任感、参与感，培养学生自主的研究能力和学习能力。在参与提案的过程中，开阔了学生的社会政治视野，锻炼了学生阅读、研究、学习、分析、调研、实践等综合能力。

（2）"少年强则国强"。自古以来，我国知识分子就有"心怀天下"的情怀和传统，作为新时代的青少年，更应该走出象牙塔，关注社会民生。从这个意义上讲，孩子们积极参与模拟政协活动，接触和体会国家的政治运行机制，研究国家大事、民生冷暖，并通过自己的观察、理解和思考为国家建言献策，有助于培育他们的政治参与意识与主人公精神。

（3）当然，也有人认为在课业负担如此沉重的现状下，青少年模拟政协活动并不具有推广价值。其实不然，当今社会，一个"两耳不闻窗外事"的学生和一个积极走出校园、关注社会、放眼天下的学生，哪个更具发展潜力和前途，不言自明。

题目12：上游新闻3月4日消息，3月2日，湖北省武汉市人力资源和社会保障局发布2018年度事业单位面向社会公开招聘工作人员简章。上游新闻记者注意到，洪山区城市管理委员会公厕管理站要招两位公厕管理员，最低学历要求为本科。这一公厕管理员岗位要求引发网友吐槽。网友牧说，公厕管理员的最低学历要求为本科，如果要招公厕管理站长，起码要是研究生。网友小丁丁说，我这个自考大专生，连扫厕所都不够格。网友小强说，招聘公厕管理员，最低学历为本科，这是湖北省重视厕所建设的一个缩影。有的网友说，不好好读书，管个厕所都不够格；还有的网友说，管个厕所还要本科学历，简直是牛刀杀鸡，至于吗？你对此种现象做何看法？

思路提示：

（1）武汉市洪山区城管委办公室相关负责人告诉上游新闻记者，"公厕管理员并不是扫厕所的，主要负责管理。"很多人认为，管理厕所是个体力活，并不需要多少文化修养和管理经验，找个高中、技校毕业的学生或者农民工就可以完成管理厕所的事情。其实不然，我们从国外的很多公共厕所运营的模式和经验来看，厕所的管理和运营，绝不是一个简单的事情，厕所承担重要的公共服务职能，吸引大量人流，是不容忽视的商业契机。如何运用公共厕所资源带动相关产业发展，其实需要一定的管理素质和商业头脑，否则只能墨守成规出卖体力。因此，厕所招聘管理员要大学本科学历，可以说有自己较为充分的理由。

（2）很多用人单位在目前岗位招聘过程中，过于看重学历，把学历当作衡量人才的唯一或重要标准，不能不说是一种误区。很多工作岗位，实践性和操作性极强，而高校的学历学位教育偏重理论思维的教育和培养，在实践技能方面的能力较弱，并不适应所有的现实中的岗位。而厕所管理，是否需要那么强的理论能力，确实值得商榷。如果连厕所的管里都需要高学历的话，那么那些技校、大专的学生该到哪里去找工作？

题目13：十年前，一项自上而下的限塑法令正式生效，旨在遏制日益加剧的白色污染。然而，十年来，"限塑令"成效甚微。全国政协委员、陕西省高级人民法院副院长巩富文在接受《法制日报》记者采访时呼吁："当前迫切需要在制度上完善细化限塑令，在实践层面上增强其执行力、强制力。"谈谈对此现象的看法。

思路提示：

（1）随着现代社会的发展，塑料垃圾等白色污染已经成为非常严重的社会问题、环境问题，特别是近年来电商、快递、外卖等行业快速发展，塑料餐盒、塑料胶带、塑料包装袋的消耗量迅速上升，这些行业产生的"塑料垃圾"激增，在部分地方甚至已经超过超市、商场、集贸市场等传统商品零售场所塑料购物袋的用量。这种现象严重妨碍着绿色环境的建设，阻碍我国可持续发展之路。面对这种现象，"塑料垃圾"过多过滥问题已刻不容缓，建议国家加强塑料制品垃圾，塑料袋、废弃塑料包装的管理和回收，限制塑料垃圾污染祖国大地。

（2）针对塑料垃圾，建议严格执行国家已经颁布的"限塑令"，限制塑料袋、塑料包装的使用，如果需要使用塑料袋或塑料包装，应该收费使用，以减少环境中的塑料垃圾。鼓励市民多用环保购物袋，重复使用环保购物袋、环保包装，以减少一次性使用带来的垃圾过多。有必要引导公众积极参与垃圾分类回收或绿色包装等行动，转变消费观念，减少对一次性塑料包装袋的依赖，推动塑料制品循环利用。充分运用鼓励手段，引导消费者转变消费习惯。如，可通过政府补贴，在超市等地对使用环保袋的消费者给予一定奖励，可能会鼓励更多人养成随身携"袋"的好习惯。

（3）作为一项自上而下的法令，"限塑令"并没有深入我国消费市场的各个角落。在"限塑令"实施过程中，尽管对正规超市的监督管理相对严格，但受益于塑料袋有偿使用，兜售塑料购物袋成为不少超市的一项重要收益，"限塑令"沦为了"卖塑令"。因此，此项法规需要修改相关条文，以适应现实需要。

题目14：2018年3月1日，全国首批智能网联汽车在上海嘉定区开放道路上进行测试，智能出行离人们的生活又近了一步。然而，上路测试的背后，却经历了诸多受限。2018年全国"两会"上，多名全国人大代表向十三届全国人大一次会议递交了有关修订《中华人民共和国道路交通安全法》的议案。议案指出，近几年新能源汽车、智能网联汽车、无人驾驶等新兴领域发展迅速，共享单车、共享汽车等交通方式不断出现，针对这些交通新领域，现行的《道路交通安全法》中部分规定明显滞后，亟待予以修订。对这则新闻谈谈你的看法。

思路提示：

（1）根据互联网时代道路交通与管理的信息化发展，关于道路交通的法律法规应将不断出现的新交通工具纳入法制轨道，促进这些新兴行业发展。无人驾驶汽车在技术研究和开发时，需要结合各种道路的实际情况，通过封闭环境、半封闭半开放环境及实际道路（包括地面道路、高架道路及高速公路）的各种测试，才能真正推广应用。现行的道路交通法规针对的都是"有人驾驶"，给"无人驾驶"技术的上路带来了种种限制。法律在无人驾驶技术方面的空白，也使得目前国内对无人驾驶技术是否能够在社会道路上测试充满了争议。

（2）在现实的道路交通中，要普及关于驾驶规则方面的尝试，不管有人驾驶、无人驾驶，都应该有严格的法律意识，并在现实路况中有条不紊的严格实施，使有序成为一种驾驶素养。在实行道路交通高速现代化、自动化的今天，很难想象在混乱的交通秩序中实施并普及无人驾驶的技术。因此高技术不仅仅需要硬件措施的配套，更需要较高素养的人文环境，才能使我们的各项理想中的科技在现实中得以实施。

题目 15：近几年随着中国经济的发展，中国家长对孩子的教育观念发生了很大变化。很多中国家长在孩子很小的时候就把孩子送出国去留学，中国学生留学低龄化成为一个非常普遍的现象。越来越多的孩子进入外国的中学甚至小学课堂。我们应该如何看待目前的这种"小小留学生现象"？

思路提示：

（1）孩子在小学、中学阶段去西方先进发达国家留学，有利于孩子尽早了解西方文化，特别是孩子在语言学习的黄金阶段，能让孩子在英语的环境中生活和学习，大大提高了学习的效率，学到了纯正的语言，这是在国内学习的孩子不可能具备的环境和条件。西方先进的教育理念也会影响孩子的一生，避免了国内应试教育带给孩子的压力，使孩子开发了大脑，增强了能力，培养了健全的人格，养成了良好的学习习惯。

（2）小小留学生同样带来不少的社会问题。孩子由于年龄小，正处在身心发育的重要阶段，这个时候离开家乡到陌生的国度读书，势必对身心造成一定压力。孩子的学习期间，如果没有父母的陪伴，在异国他乡难免孤单，在生活上也缺乏重要的指导，对良好生活习惯的培养非常不利。孩子年龄小在生活学习中很难自律，这个时候没有家庭的指引和父母的教导，会形成不好的习惯。当然如果小留学生有家长陪伴就更好了，但是这也涉及家长在国外的衣食住行以及就业等诸多问题。

题目 16：2018 年全国"两会"期间，澎湃新闻从权威渠道了解到，全国政协委员、浙江省政协副主席、民革浙江省委会主委吴晶向全国政协十三届一次会议报送的题为《一带一路 美食襄助》的大会发言中建议，加快中华美食"走出去"步伐，全面对接和融入"一带一路"建设。

思路提示：

（1）中华美食源远流长，誉满全球。古时候丝绸之路是一条贸易之路，也是一条文化之路、美食之路。至今，遍布全球的中餐馆更是成为中国文化的名片，吸引了不少国际友人。

（2）中华美食海外发展，与推进"一带一路"建设要求相比，仍存在诸多不平衡、不充分的问题。当前，中餐业的发展存在不稳定，缺乏品牌等问题，在口感、菜品上缺乏国际化的运作和规划，导致中餐在市场上品质参差不齐，规范化欠缺。中国美食企业在中国美食国际化方面政策支撑不够精准。国内餐饮企业"走出去"存在成本过高、信息不灵、保障不足等问题，尚未摆脱"碎片化"发展趋势。

题目 17： 舜网—济南日报 3 月 6 日报道，日前，济南市公安局发布《关于加强养犬管理的通告》称，市民外出遛狗时狗绳最长为 1.5 米，而且必须携带犬粪清除物品，对两年内受过 3 次处罚的，将没收犬只，5 年内禁止养犬。该通告指出，任何个人和单位养犬应当遵守社会公德，不得妨碍他人正常生活，不得侵害公共利益和他人合法权益。绕城高速公路环线以内的个人和单位养犬，必须到居住地的区公安分局指定地点办理初始登记和年度登记。绕城高速公路环线以内，除盲人饲养导盲犬、肢体重残的残疾人饲养扶助犬外，严禁任何个人饲养大型犬、烈性犬。

思路提示：

（1）宠物给人的生活带来很多快乐，它能够缓解人们的孤独感，让很多人在生活中找到很多的乐趣。狗这种宠物不仅给人带来陪伴的温暖，还可以有很多实际的功用。比如盲人依靠导盲犬来给自己指引道路，很多老人是由狗来陪护他们的生活。

（2）在现实生活中，我们也看到很多养狗的人不讲公德，在养狗的过程中没有顾及他人的感受，造成很多群众的生活不便。比如在遛狗的时候，狗的粪便随意丢弃，没有及时处理；在遛狗时对狗不做拴绳处理，让狗随意走动，吓到路人；狗在家中的叫声吵到邻居等现象都是养狗人缺乏公共意识的体现。

（3）养宠物要做到文明养犬才是正确之道，在养宠物的同时遵守公共秩序，不妨碍公共卫生，不妨碍他人生活。同时社区的相关政策法规也要配套跟上，使更多的养犬人能遵守道德和法规。

题目 18："缺少几十万护工的日本，已在用机器人照顾老人。"这是日前一则新闻的标题，机器人和日本相联系，对于大多数人来说已经习以为常，毕竟对于机器人技术全球领先的日本来说，大力推广机器人代替普通劳动力是再正常不过的。然而，在用机器人作为护工照顾老人这件事情背后，折射的却是日本老龄化和低欲望的社会现实。

思路提示：

（1）机器人护工照顾老人、照顾病人是一件极大解放劳动力的事情，是一件值得接受的新事物。我们知道照顾老人、照顾病人这些事情是非常繁重的体力劳动，需要护工付出极大的体力、精力和耐力。在很多有需要照顾的老人家里，找到一个任劳任怨、坚持如一的护工是一件很困难的事情，很多护工在照顾老人的过程中会缺乏耐心或体力而辞职，而机器人来从事这项工作就会避免这样的问题，机器人工作不存在体力或耐心等问题，他会按照程序始终如一地从事工作，这对于需要护工的家庭不得不说是一大福音。

（2）照顾老人的事情不能完全推给机器人，作为老人的儿女、亲人负有重大的责任。机器人最大的问题是缺乏人的情感和交流的意识，只会按照程序去完成工作，而缺乏和老人情感上的交流和沟通，这些工作需要儿女付出极大的耐心和爱心才能完成。因此在科学技术高度发达的今天，在技术和科学已经能够替代我们去做很多事情的时候，更应该强调人的亲情和伦理，才能使人类社会更好地向前发展。

题目 19：《齐鲁晚报》进行的样本调查显示，在大学中一个班级考研考公务员的人数占到百分之七八十，大学生尤其是本科生似乎不着急找工作了。学生热衷考研，事实上，也是国民整体教育水平提升的表征。在山东大学哲学与社会发展学院社会学系教授王忠武看来，改革开放近 40 年来，中国的高等教育发展非常迅猛，现在的大学教育已经由精英教育向大众教育转化。专科、高职、本科教育的录入率越来越高，高等教育的大众化、通识化，使得整个社会的文明程度提高了，教育水平随之提升，学历链也就拉长了。

思路提示：

（1）随着社会的发展和我国教育水平的提高，我国国民的整体受教育水平也在提升。相比一二十年之前每年高校毕业生不足百万来言，大学本科生已经不再具有骄人的竞争力，大学教育正成为大众教育、通识教育。想要找到好工作，想要在具体学科取得精深学识，就必须更进一步继续深造，所以才会有这么多本科生选择考研。

（2）如果说大学教育、大学文凭正在"贬值"的话，那么研究生、博士生的教育同样变得名不副实。现在的学校教育最为重要的是让大学回到本位真正成为培养精英人才的摇篮，而不是普及知识的科普与扫盲场所。让大学成为培养精英的地方，让不适合进入大学高等学府的学生进入更加适合自己的技校、职业教育学校等地方，反而有利于学生的目标明确、有的放矢的学习。学生根据自己的实际情况进入不同性质不同层次的学校和培训机构，为以后就业打下坚实的基础，而不是像现在这样大多数学生进入大学，使大学教育"变了味儿"，大学生在社会上就业也不具有优势，大学生们又只得纷纷投入研究生教育。

题目 20： 在厦门，未按规定进行垃圾分类，要被处罚。从 4 月厦门岛内开展生活垃圾分类混装混运联合整治以来，厦门市首次对个人开出罚单，已经有 6 人因垃圾分类不规范先后被行政处罚。《厦门经济特区生活垃圾分类管理办法》规定，单位和个人应当按照规定的时间、地点，用符合要求的垃圾袋或者容器分类投放生活垃圾，不得随意抛弃、倾倒、堆放垃圾。该办法规定，不履行生活垃圾分类义务且拒不改正，造成严重不良影响的，由市主管部门或者有关部门依法将相关信息纳入本市社会信用信息共享平台。

思路提示：

（1）垃圾分类联合整治就是要对垃圾回收的各个环节进行监督、管理和整治，严防以往的管理漏洞，导致垃圾清运的很多工作没有落实到位，特别是对垃圾的分类管理、分类运输和处理，都成为垃圾处理的重要环节。垃圾清理和运输就是让管理组织紧盯生活垃圾分类收集、运输、处理等各个环节，采取责任倒逼的方式，最大限度地杜绝混装混运的行为发生。

（2）垃圾分类要落实到位，政府管理部门要把工作做到位，而不能仅仅依靠对个体罚款来解决。首先对于垃圾分类的知识管理部门要广泛普及和宣传，让大家知道垃圾分类的好处和方法，不断宣传相关法律法规，并强化观念，让群众真正养成垃圾分类的习惯。管理部门还要提供垃圾分类实施的便利条件，如群众分类处理垃圾的场所、容器等，让垃圾分类成为一件便利的事情，而不是很麻烦才能解决分类。管理部门还要以身作则，把垃圾分类落到实处，把分类的垃圾进行处理并产生社会效应，而不是分类后的垃圾最后也没有看到社会效果，弱化了垃圾分类的意义。